BOOK

新自然主義

BOOK

新自然主義

The Social Enterprise Experience in England

英國社會企業之旅

【增訂版】

劉子琦——著

目錄

第0部 就當作是前言

第一部 公部門：有效翻轉法制面與資金面

第二部 民間部門：遊說政策並善用公私資金

英國社會企業經典範例

制度上的微調與社會行銷的拓展

看「台灣社會企業範例」，請掃 QR 碼

增訂版推薦序

社會企業超越公益組織

近年來，社會企業在台灣形成了一種「天然自覺」的氛圍，不僅淡化了社會與企業之間的界限，也轉化了固有的非營利組織的思維。社會企業看似浪漫卻不浪漫，反而相當務實，社會企業代表了一個事業體，更超越了一般公益組織。

書中提及在國際上非常成功的案例，像是大誌集團開啟了遊民的多元事業、貝露水公司則是將獲利投入護水工作，以及作為公平貿易先鋒的Cafédirect。在台灣，則有我們桃園在地青年筍農邱榮漢的農事平台、台南市土溝社區的參與、以及捲動青年返鄉的竹山文創。

台灣的社會企業發展相當快速，從社區或產業，都是針對最需要解決的社會問題，對症提出解決方案；同時，台灣的社會創業家並不拘泥定義，以實作為主，耕耘著遍地結纍的成果。

社會企業要在地方深耕，都必須先蹲下來，認識自己的能力，才能真正投入。子琦告訴我們，做社會企業不能只是憑藉熱情盲衝，必須為社會企業找出一個可以永續發展的未來，才會真正具有競爭力。

鄭文燦

桃園市市長

推薦序

經世濟民之道

認識子琦已是許多年前的事，他從美國留學回來，考上東海大學社會學研究所博士班，從此結上一段深厚的師生情誼。一起讀書、做研究，也是一種生活上的成長與相互學習。那時候我們做了許多企業的田野訪談，畢業時，子琦以中部一家知名企業的深度個案為基礎，完成他的博士論文。將社會學與企業管理的知識加以呼應融合，至今印象依然深刻。

之後，子琦在亞洲大學任教，教的雖然是國際企業系，但他一直探索在資本主義市場經濟體制中的合理性與不合理性。進而關懷勞動階層以及找尋可能的解決出路。我想他寫這本書正是這樣的心路歷程。

2013 年他參訪英國的社會企業，心有所得，回國後整理分析，為文成書，借重社會企業先進國家的經驗，提供台灣未來發展的新視野、新趨勢，實在具有時代性與實踐性！

與子琦是師生亦是好友，見到他將寶貴的經驗與見解與有志一同者分享，十分欣喜。特此為序，是肯定，更是鼓勵！經世濟民，此之謂也！

高承恕

逢甲大學董事長

逢甲大學 EMBA 講座教授

東海大學社會學系榮譽教授

推薦序

發展社會企業重要的參考書

「社會企業」的確是老牌英國資本主義發明和催生出來的新企業型態概念，是想將解決社會問題、倡議社會價值的社會目標和企業管理的營利手段結合在一起，企圖走出「第三條路」。

對此，我們可以樂見其成，但不能盲目幻想，以為這是建構「新社會」的萬靈丹，或是 NPO 發展的唯一出路，或是誤解這是企業責任的大躍進，甚至要求政府出面推銷這麼一個新社會設計。老實說，以上皆似是而非的謬誤和迷思，應該有人來解謎和導正。

本書作者好像有心如此，在書中將社會企業在英國的醞釀、發酵、成熟、外銷娓娓道來，讓人讀來入勝，也讓人讀後省思。原來社會企業就有其經濟社會和政治脈絡和條件；台灣要學，一定要先評估有那些脈絡會成會敗，也要理解台灣三部門(政府、企業和 NPO)各自體質的虛與實。這本書可以讓我們進行評估和理解時的參考。

蕭新煌

中央研究院社會學研究所特聘研究員

推薦序

解鈴還需繫鈴人

工業革命起始於英國，帶給人類史無前例的大轉變，在提升人類生活品質的同時，也帶來難以想像的災難。十七世紀至今，人類社會的結構與思想飛速飆發，部落轉變成為城市，甚至出現超過一、二千萬人以上聚集的巨型城市（Megacity）；土地從生產的價值轉變成為快速累積資本利得的工具；資本主取代了地紳、貴族和宗教勢力的傳統地位，也改變了統治和利益分配的結構，因此造成貧者越貧富者越富，人人生而不平等，且難再翻身。

一九七零年代，英國首相柴契爾夫人率先採取新自由主義的經濟制度，一切講求自由化、私有化、市場化和全球化。不過，小政府大國民的理想還未實現，卻造就出反噬政府的大財團操控著國家機器，民主因此成為助紂為虐的制度。一切以追求最大利潤為目標，犧牲的是沒有發言權的環境生態與社會中弱勢的一群。

然而，解鈴還需繫鈴人，從「英國社會企業之旅」一書當中，我們看到英國民間以及政府過去二十年的反轉改變，令人欣喜。民間非營利組織帶頭實踐激發政府正面回應，書中提到的案例充滿多元創意，內閣的政策宣示以及國會配合的法案修正，甚至結合現有金融體系運作，發展出全面且完備的支持系統，更叫世人看見翻轉的希望。回頭看看台灣社會，年輕人要求改變的聲音逐漸升揚，要求分配正義的思潮也在甦醒，這正是台灣轉向與轉型的最好時機，我們在書中也確實看到幾個台灣的案例。此時推出「英國社會企業之旅」一書，正可以發揮他山之石的效果，讓台灣在反轉與改變的道路上，不但要走得快而且要走得穩。天佑台灣。

朱慧芳

作家、財團法人梧桐環境整合基金會執行長

共同推薦

用更創新、多元的手段，創造社會效益

在各國發展社會企業體制過程中，英國演化出的制度深深地影響各國的政策走向。本書作者長期關切社企組織發展，以親身訪談英國社企組織為經，以實地參與台灣社企產業為緯，相互為用，一方面勾勒英國社企體制的完整輪廓，另一方面分享台灣社企發展的演進現況，難能可貴。本書觀察敏銳、詮釋深刻，所提建議合理可行，值得關心社企發展者一讀。

王文宇

台灣大學法律學院教授

英國是社會企業歷史悠久且極為蓬勃發展的國家，要深入了解英國社會企業發展的脈絡與趨勢，這本由劉子琦老師為我們親身探訪整理出來的書，內容詳盡且非常值得一讀。

王鵬超

光原社會企業共同創辦人暨董事長

一趟猶如社會企業版的《愛麗絲夢遊仙境》。不同的是，這裡面的人們用堅實的腳步、不屈服的想像，重新打造一個真實的世界。

李取中

The Big Issue Taiwan 大誌雜誌總編輯

看英國政府以及民間團體在社會企業政策上，各自發展卻又殊途同歸，顯示社會力妥善運用經濟的消費力來改變舊體制與舊思維。這是一場精彩且寧靜的社會企業運動，值得台灣參酌。子琦寫來，嚴謹中又帶輕鬆，既有國外案例也有國內年輕世代的努力，讓我們看見各地年輕世代在台灣各處角落紮根與活力。

利錦祥

豐原三民書局負責人

從我將政治做為一種志業開始，子琦就是與我一起討論政策的研議、立法、施行與檢討的夥伴。他用整體視野的高度，清晰的語言來敘述英國政府與民間如何互補成為夥伴關係，翻轉資本主義唯利是圖的思維，重新界定國家治理的方式。讀完此書，看著台灣面對全球社會企業所颳起的旋風，也同樣必須從脈絡思考的角度來審視制度的設計，才能有效的發揮社會企業所蘊含的公益優先的價值。

邱太三

桃園市副市長

提綱挈領

緣起

2013 年，我有幸與一群夥伴
到英國參訪社會企業，
見習政策制度面、民間多元參與、
以及各社會企業的活力經營；
也深陷台灣如何走的沉思……

第 0 部

簡述各國社會企業型態，
並勾勒英國
從七 0 年代迄今的發展軌跡，
及影響全球政策走向的主因。

第 1 部

英國政府不斷改良法令、
制度與政策，
以輔導代替管理，
促成社會企業開枝散葉，
而且花枝招展。

第 2 部

英國的民間組織如潮水般
快速直行，
提供創業家組織平台、資金、
教育、工作坊、弱勢再就業、
標章認證等等支持網路。

第 3 部

進入市場競爭是理所當然。
為了永續經營，
必須展現創新及社會效益，
引領消費者善用日常消費採購權，
來支持公益商機。

第 4 部

是否掛上社會企業之名，
其實不重要；
有社會企業之實，才重要。
他們，正默默融入在地，
請掃描 QR 碼看六個熱情
發展中的台灣範例。

一群旅人到倫敦

英國的社會創新工程

原本對於要組團到英國去參訪英國版的社會企業這件事，只是抱著跟隊去觀摩的心情，就拍些照片，回國後寫寫部落格文章，算是盡力做到一丁點的個人分享就好。沒想到開始依著行程，逐日按篇寫成的文字卻彷彿有了自己的生命一般，慢慢的醞釀成一系列的文章。才發現，當初對於社會企業許多政策推行、如何運作的疑惑、制度建構上的不解，以及民間團體如何進行組織轉型，都浮現出更清楚的輪廓。這時，才有點恍然大悟，為何英國的社會企業體制被視為是發展完善的。

歷時 14 年完成體系建構

在倫敦緊湊而有限的行程，只能看到一些社會企業的皮毛，自然無法窺得較完整的風貌。出訪到倫敦的隔天是 6 月 6 日，英國首相卡麥隆在 8 大工業國高峰會上宣布，倫敦不僅曾經是全球金融財務的大本營，現在更已經準備好成為全球社會投資市場（social investment）的「中樞」（hub）。同一天，倫敦證券交易所也宣布同步啟動世界上第一個「社會股市交易平台」（Social Stock Exchange），首波公開12個總市值高達5億英鎊的社會效益企業（social impact business）。19 世紀曾經是日不落國的英國，在二次世界大戰後，國勢霸權一路衰退，卻在 21 世紀因提供社會企業的典範，倫敦成為全球社會企業的首都，而重新成為世界舞台焦點。

在 2013 年 6 月啟程前往英國時，英國的社會企業已經發展十數年，一路從概念的討論，定義的區辨，發展到建立社會投資體制，完成一套適合社會企業發展的生態體系。如果將 2013 年 6 月卡麥隆首相的這場演講，視為宣示英國社會企業生態系統已趨完備，那麼，1999 年內閣辦公室組成跨部會小組，開始協調各種行政與社會資源配置，並發展民間倡議，就可說是英國政府推動社會企業政策的出發年。在這 14 年間，英國政府後發先至的努力，改革力道驚人。英國政府將鎖定社會價值的經濟投資趨勢，導入市場機制的運作，所發揮的社會、經濟與環境的三重價值，也跨越了國家地理的疆界，成為聯合國發展社會效益投資（social investing）的核心議題，成為改變世界的新動力。

社企政策歷經三任首相力推

英國政府發展社會企業的歷程，總共經歷了3任首相，從工黨的東尼·布萊爾首相（Tony Blair，1997 年5月2日～2007 年6月27日）、戈登·布朗（Gordon Brown，2007 年 6 月 27 日～ 2010 年 5 月 11 日）到最初任職於聯合政府，而後透過大選取得國會過半席次而可以單獨組成內閣執政的保守黨卡麥隆首相（David William Donald Cameron，2010 年 5 月 11 日～），雖然幾任首相的政黨不同，立場迥異，但都看見英國社會自 1970 年代以降的經濟衰頹造成大量的失業，財富集中少數人的現象。國家財政的危機稀釋了福利系統的能量與服務水準，社會懸殊的貧富差距讓社會排除現象愈形嚴重，讓社會信任的紐帶搖搖欲斷。社會企業政策雖不是大規模且全面性解決社會問題的萬靈丹，但是，解決問題取向、強調社會價值與企業營運創新精神並進的社會企業已在英國全面蔓延。

古老資本社會潛藏公益傳統

英國是老牌的資本主義國家，研究所念書時讀到馬克思談論異化的「1844 年經濟學哲學手稿」、「德意志意識形態」，以及囫圇吞棗的三巨冊「資本論」，以及狄更斯筆下一系列反映 19 世紀資本主義社會人心的小說，不管是從文學或社會著手，批判生產模式還是譴責貧民窟的貧窮與髒亂的社會小說，都是以英國工業革命與資本主義社會為背景。從這些作品所深刻描述的無情勞動壓榨、陌生人社會（Stranger）的社會結構，英國簡直就是資本家的天堂，貧民的地獄。

然而，在最悲慘的工業革命時代，許多工人瀕臨墜落貧困邊緣之際，位在英格蘭蘭開夏的羅須戴爾鎮上，有 28 名工人（其中一半是紡織工人）在 1844 年集資成立「羅須戴爾公平先驅社」（Rochdale Society of Equitable Pioneers），透過共同購買的力量，以自助、互助的方式提供社員平價但品質穩定的麵粉、奶油、白糖等日用品，以創造社員利益，改善家庭與社會生活處境。「羅須戴爾公平先驅社」所啟動的消費合作社觀念，不僅被視為是第一個成功的合作社典範，也讓合作社運動在英國開始生根。既有資本家聚斂的惡形惡狀，也有民間社會民主治理、合作互助的溫馨力量，鋪陳了英國既功利又公益的雙向發展軌跡。

從大政府走向小社區來解決社會問題

也許英國本來就具有這樣重視競爭又互助的雙向傳統，在面對 20 世紀資本主義的經濟型態所引發的諸多社會危機，英國政府不再一如過往只採取經濟調控政策，而是重新思考社區自主決策權力的傳統，來錨定貧富兩極發展所帶來的社會排除現象。透過社會企業政策所發揮的深入社區的效益，吸引了不同領域、空間與專業社群網絡間的相互合作，連帶將社會、經濟、環境這三個面向的價值植入經濟行動的設計與實踐中。以公益價值吸引四方財，藉助市場機制，有效的解決社會問題，將利益返歸八方社區去，構成了社會企業的核心價值。經由各地社區的涓滴改變，將支離破碎、分裂對立的社會勢力，還原回到最原初自然的公益優先，社會永續的狀態。

這些點點滴滴的改變，既未偏離市場經濟的邏輯，也強調從政府部門手中解放社區能量，以「做就對了（Just do it.）」的實踐精神走進社區生活，因此，對於社會企業的定義，已經無須斤斤計較於文字，反而著重在自我檢視每個號稱自己是社會企義的組織，究竟解決了哪些社會問題？成就了哪些具體的社會效益？所開發出來的營運模式預防社會問題的發生？是否能推廣、捲動更多人的參與、投資，讓社會效益的影響力擴大、深化？組織所賺取的利潤到底是進了誰口袋？所處的社會有沒有變得更好？這一連串的問題讓社會企業的定義由專一、排他性的界定，轉成條件、要素、參與式的界定，鼓勵各界，選擇自己擅長、喜愛的組織形式，以社會公益與經濟利益並存共好的營運方式，從社區生活做起，逐步修復貧富懸殊、傾斜不均的社會結構。

效益擴散影響世界

當人在倫敦時，忙著緊湊的拜會與訪問行程，也無暇細想這股潮流所帶來的影響力，更未意識到英國已經發展至「由財務角度切入以解決社會問題」的層次。英國在 2010 年提出第一個社會效益債券（social impact bond）的形式用以解決更生人的高再犯率問題，到了 2013 年，歐巴馬總統的特別顧問強納森．格林柏萊特（Jonathan Greenblatt）說，美國受到英國的啟發，要試著開發美國版社會效益債券；紐約市長辦公室、高盛（Goldman Sachs）以及民間組織也開始用之於減低犯罪再犯率。雖然各方還是主張需要有更嚴謹的驗證來證明政策效益，但英國第一個社會效益債券已經在 2014 年提出報告，驗證出比傳統犯罪矯正具有更好的效果。

回到台灣之後，陷在浩繁的書本期刊與無邊無際的網路中，在逐步查找文章，拼出圖像的寫作氛圍中，反覆不斷的探尋歐盟各國與英國社會企業的歷史起源、發展、推廣過程、以及運作類型，乃至於對照、思考社會企業政策如何在既有的政策與社區發展的基礎上，在台灣社會推廣、生根、成長、茁壯。

每一篇刊載在期刊、網路的個案、與社會創新模式的嘗試，都是一則則動人的故事，令人驚異於歐美國家為了解決社會問題，在制度創新所做的嘗試與突破。透過社會企業範疇內各種不同組織運作類型，融合社會、經濟與環境永續三重社會利益價值，在社區發展的基礎上，重新點燃社會力的靈動與活力，逐步扭轉現行唯利是圖的經濟發展模式。

全球社會企業運動風起雲湧

2013 年回國至今，全球各地社會企業發展已風起雲湧，蔚為風潮。

歐盟執委會（European Commission）2013 年 4 月開始展開跨越 29 個國家的社會企業比較研究，今年（2015）公佈的各國報告中顯示，即使在各國迥異的歷史發展背景，以及政治、經濟與社會脈絡下，社會企業不只注重創造社會、環境與經濟利益的三重效益，更從企業創新創業精神、社會創新，以及組織治理三面向，漸進達到改造社會的效果。

而各國社會企業所從事的類型包羅萬象，包含：弱勢族群的經濟與社會整合;發展長照、幼托、就業訓練、社會住宅、健康保險等社會服務;提供運輸、公共空間的改造與配置等公共服務；以及環境保育、減碳減廢、再生能源、數位參與、對發展中國家推動公平貿易等。

從這麼多國家的發展樣態中，浮現社會企業的共同基本要素：組織必須進行經濟活動，生產產品、提供服務以進行市場交換；有限的分配利潤；組織擁有所有權的自主性，以及參與式的治理機制。

2014 年 1 月，歐洲委員會（European Commission）在法國史特拉斯堡舉辦的社會企業會議後，發布「《史特拉斯堡宣言（Strasbourg Declaration）」》，更明確的宣示將依據 2011 年所制定的社會事業創制行動（Social Business Initiative action）綱領，以擴大接觸資金管道、提升社會事業的關注程度、改善法治環境等方式，來發展社會事業（social business）的生態系統。重新看待商業活動所造成的正向效能，這不只跨越了公、私部門與非營利組織的界線，塑造社區參與社會公益行動的關係網絡；而且藉由社會創業家以公益商機為創新商業模式所引起的社會改變，也觸發了政府與民間共同協力，攜手解決青年就業、婦女賦權、節能減碳、環境保育與貧富差距等問題。

何為社會企業？著重效益勝於定義

相較於其他各國，英國政府對社會企業的定義相當寬鬆，2002 年起僅確認——**「社會企業主要是透過經營事業來達成社會公益目標，並將商業營運所獲得的利益，再投資於所欲達成的社會目標或是社區之中，而不是為企業股東與所有者的利益極大化而存在。」**之所以只用政策定義，而非法律定義的原因，目的在於吸納民間的社會力，藉由政府與民間雙方溝通互動，發展出一個各方認可、寬鬆界定的共同思考與行動框架，如此才能容納、鼓勵各種不同型態的組織，點燃社會創新的引信，方便公民參與社區事務，投入社會改造的工程。接著，由概念、而實作的觀念倡議，經過修法歷程確認了制度環境與制度行為的標準，並發展社會效益、社會影響力的評估衡量工具，用以確認社會企業的營運模式是否確實產生如其所標舉的社會效益。

於是，建立在一般會計準則上的「社會投資回報率」（Social Return on Investment，SROI）概念應運而生，用來衡量社會企業的社會、環境與經濟的三重公益效益。不同組織所執行的方案涉及不同的利害關係人，社會投資回報率並沒有固定的算法，操作的方法也很多樣，通常是以「成本－效益分析」（cost-benefit analysis），透過貨幣化的數據來表現；然而，卻不以數據為絕對的表示方式，而是包含了量化與質性分析、財務訊息，以及個案研究。

如此一來，適合社會企業發展的社會投資生態環境於焉成形。在社會投資的體制下，解決社會問題也同時能獲得經濟利益。個人做好事又可以賺錢，賺了錢又繼續做好事，如此生生不息的循環，直接與間接都可以達到社會公益的效果。個人小小的經濟行動，發生涓滴效應，匯聚成流，形成社會受益，就是社會企業的精神。

以投資報酬率作為衡量基準的雙重效益

英國的社會企業回歸一般市場規則，以社會投資報酬來衡量社會效益，一方面，可以修正營運模式的缺失，避免資源錯置誤投的浪費，況且，以更有效率的方式經營也是社會企業本身蘊含的基本精神；另一方面，較為透明、效率的營運模式達到較高的公共責信度，不只可以吸引利害關係人的參與，如外部的私人資金因認同社會價值而投資、入股，亦因獲得資金的挹注而擴大營運規模，深化社會效益。

重視明確的管理權責，但組織型態不受拘束

社會企業的本質就是實現社會效益的企業經營，然而，沒有消費者就沒有企業。彼得・杜拉克（Peter Ferdinand Drucker）曾經說，企業的兩項基本功能是「創新」與「行銷」，社會企業也不例外。為了吸引顧客，必須針對顧客的需求與價值，進行行銷與創新活動。所以，英國的社會企業無論提供產品或服務都得直接進入市場競爭，一路緊貼著「市場基礎」（market-based）的營運而操作，從改變消費行為開始，積極爭取消費者認同。不管是何種組織類型，都必須具備永續營運的能力，承擔市場風險，接受市場考驗。為了面對一般私人企業，在市場競爭下生存，社會企業也必須發展出差異化的社會行銷定位與策略；運用消費者感性消費的購買力以實現社會、經濟與環境的三重價值，成了社會企業的重要行銷特色。

也因為要進入市場競爭，英國從一開始便將私部門企業發展市場經濟的重要元素——完善的法人制度、以有限責任為核心、產權清晰、權責明確的管理制度等，帶進社會企業體制的創建之中。或者說，社會企業發展健全的基礎，也需要藉助市場經濟的重要元素。

一般非營利組織在面對市場競爭時，雖然明知要以有效率的管理來落實社會價值，往往受限於非營利組織的特性以及法規限制，無法靈活反應市場的挑

戰與需求。為了強化非營利組織的永續營運能力，英國政府在 2013 年賦與慈善組織「慈善法人地位」（Charitable Incorporated Organization,CIO），鼓勵慈善組織也能夠運用商業手法來實現社會使命。

社會價值，是不分類型社企組織的共同屋頂

英國的社會企業不管是從非營利組織或公司組織兩方面的進路，都是將社會公益放中間，經濟價值與管理能量放兩邊，來支撐整個營運模式。也就是說，社會價值以及具有經濟效益的營運，是社會企業體系的共同屋頂，屋頂下涵蓋了慈善組織、協會、基金會、合作社、社區利益公司等不同功能型態的組織，都可以透過市場競爭獲得經濟收益，以實現社會價值，甚至逐步擴大社會效益的規模。不同型態的社會企業組織類型，不僅可以讓公民依據自身所擁有的資源、網絡與核心能力，選擇適合的組織治理模式來發展不同型態的營運模式與人力安排；同時也構成了英國社會企業傘狀光譜，讓這些不同的組織可以依據其組織的組成特性與功能來實現社會價值。

在社會企業的傘狀組織結構下，英國的社會創業家得以運用混合的組織結構模式（hybrid organizational structure）來運作。一方面，可保有非營利組織性質的社會公益特性；另一方面，可以成立只有一個法人股東的獨資形態子公司（wholly owned subsidiary mode），或者透過股票捐贈模式（donated equity model）來從事具商業利益的活動，例如：由基金會投資、控股公司的方式，讓較具市場敏感度與營運靈活度的公司組織進行市場競爭；一方面，公司的獲利都重新投注回基金會，如此能確保社會使命在獲得經濟收益的支持下能夠延續，甚至擴大社會效益的規模；一方面，基金會的社會公益使命與專長，也在經濟利益的挹注下，更能往提供專業服務的方向發展。此外，英國發展完善的信託制度，也能透過財產信託的方式，依據信託內容的協議來實現具有公益慈善的目的。

開放政府，改變資源分配方式

如此逐步發展社會企業體制的軌跡，的確反映了「大社會政策」（Big

Society Policy）的核心價值——將管理公共事務的權力與機會，重新放回到人民的手中。國家與地方政府、市民、志願團體、社區之間，將不再只有上對下的治理模式，而必須共同面對、解決現階段英國所面臨的社會、政治、經濟等問題。因此，必須將權威性分配社會資源的能力，從官僚體制中解放出來，讓社區居民透過親自參與公共事務，達到改變社會的效果。如此的政策，不只是將統治的主從關係變成治理的夥伴關係，中央政府開放民間力量來參與公共服務的營運與輸送，不只讓社區組織得以活化社區資產，也因為經營社區事業的關係，讓社會連帶關係更加緊密。而英國許多社會企業都座落在社區，發展出許多創新思維的營運模式，也重新架構了「社區－社會－政府－國家」的關係，帶領社區居民穿透了僵固的社會鐵籠，更突破行政體系僵固的侷限，整體國家資源得以依據社會價值被重新、妥適分配。

在此次英倫行接觸、聽聞的案例中，許多社會創業家走進最弱勢的社區，將處於社會排除邊緣的對象，納入與非營利組織結合所關注社企營運架構中。

歐盟描繪的支持社會企業生態系統

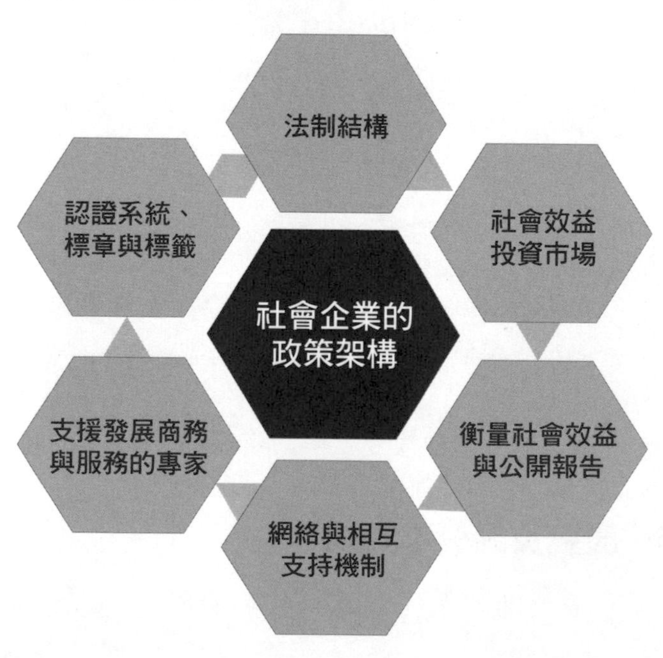

這些社會企業創業家在接受訪問時被問到，社會企業的社會使命與營運獲利何者重要時，幾乎都是口徑一致的表示——「一樣重要」。理由是，唯有組織可以獲利，才能夠持續實現社會使命；而堅持社會使命，才能與一般商業競爭有所區隔，趨動倫理消費，創造出足以改變社會的效益。

社企話題

健全的社企生態：法治、組織網絡、效益衡量驗證三系統

儘管政經背景與歷史發展互異的歐盟各成員國所發展的社會企業模式尚未有系統化的研究數據來檢視，但是，政府透過公共服務的委外以及積極介入勞動市場的角色，卻毫無疑問的促進了社會企業的大幅進展。在個別國家的社會企業發展路徑中，都可以發現三項特質：由市民驅動主動提出解決社會問題的方案，並在政府作為之先，就進行社區實踐活動。其次是，傳統慈善組織、協會、基金會或社區、志願組織等非營利組織，開始著手轉型成社會企業，或是成立事業部門，進行市場化與商業化的活動。第三，將政府針對所提供公共服務的部門分割成為獨立自主營運的社會企業型態，或是以新型態的採購方式釋出公共服務，而提高社會企業參與公共服務的機會。

在各國的社會企業運動中，非營利組織參與轉型成為社會企業型態的數量，遠多於公司型態的社會企業。歐盟綜合各國發展社會企業的經驗，提出了一個理想的政策架構來發展社會企業生態系統。在此一發展社會的政策架構中，至少要包含：（1）能夠符合社會企業需求的法制系統（創造一個專屬社會企業型態的法制，如英國的社區利益公司（詳見本書第二部），或是針對非營利組織進行經濟活動的重新規範）；（2）建置發展社會企業所需的商業、管理輔導的支持、學習、輔導與服務系統、鼓勵社會企業組織間的網絡聯盟與互助支持系統（如，義大利的合作社聯盟與英國混合公益與經濟利益的組織型態；（3）建立社會效益投資市場，強調衡量社會效益與公開報告的系統機制、發展標章與驗證系統等。

創新思維衝擊下的亞洲與台灣

在各國開始大規模調整制度結構來實現社會企業時，英國已經開始將英國式的社會企業往海外輸出。

2014 年英國文化協會（British Council）與 SEUK（Social Enterprise UK）合作出版了《輸出社會企業報告（Exporting Social Enterprise' Report）》指出，已有 11% 的英國社會企業以進行海外貿易、以及連鎖加盟的形式來擴大社會企業的規模。其中，有將近一半的社會企業是獨立進行海外輸出，而沒有獲得任何外部支持。而這些社會企業的海外組織以直接銷售、成立社會連鎖加盟以及直營的方式經營，有 66% 由自有營收所得的資金投入，部分則透過私人投資以及贊助方式進行。就區域而言，歐洲是英國社會企業出口產品與服務最多的地區，其次是加拿大。這些出口主要建立在國內組織與海外組織既有的合作關係之上，而有三分之一是採取與海外組織成立合資公司的形式。報告也指出，投資於海外社會企業的最大障礙是：資金財務、政府管制以及相關的法律限制。有些社會企業則認為，英國獨有的法人形態，如社區利益公司，未必能夠為輸入國所接受。這些調查充分顯現英國式的社會企業不僅在國內開花結果，也伸往國外開枝散葉。

這樣的進展雖不是一日千里，卻也使得我們有點望塵莫及，只能望洋興嘆。

然而，當我們參訪英國這些素未謀面，也素不相識的社會創業家時，他們都語多鼓勵，親身說法他們如何拆解既有社會思維模式、改變行為的創業歷程，並且一再強調諮詢、輔導、陪伴就是社會企業改變社會的開始。這些遠方溫暖的激勵，讓我們在面對世界各國不同的歷史文化條件、政策法制格局、以及多樣的營運模式所積累的社會企業案例與文獻經義時，不再只是整理卷帙浩繁的定義與敘述，而是以心之所見，轉識成智，來作為變革的緣始。

於是，一趟旅程的開始其實就是返鄉的原點，社會企業思維與實踐的種子其實已經在台灣。

從英倫經驗思索台灣政策現況

2006 年擔任勞動部多元就業開發與培力計畫的審查委員起，看到許多民間組織在 921 大地震之後，乘著政府鼓勵社區總體造的風潮，接受提供多元就業補助，一方面，結合了民間團體的組織使命與宗旨，著手提升個人就業職能並創造在地產業需求，維繫了勞動意願，也達到在地就業的效果。另一方面，藉由政府部門政策工具的引導，來架構非營利組織單位與失業者的就業關係，形成「政府－非營利組織－失業者」三方間微妙的夥伴與制度關係，而逐步形成組織社區化的共伴效應。

然而，歷經十數年的就業開發政策面臨政策工具老化的問題，不僅招致就業效益是否值回票價的質疑，也直接反映在組織對政府補貼的依賴之上，降低了非營利組織獨立創新的能量。儘管原本這些社區型組織的規模偏小，專職人數不多，組織核心承載能力不足，經過多年的政策培育，已能具有相當多元的社會服務與地方產業營運的樣態出現，例如，社會與社區服類的兒童課後照顧服務、社區保姆與幼兒托育、居家關懷照顧服務、老人送餐服務、身障者照顧協助服務；地方農產與生態旅遊類別則有機蔬果農產、農特產品行銷與推廣、自然生態復育與維護、自然生態旅遊與導覽、觀光休憩園區；文化工藝類別的地方文史古蹟導覽、工藝產品制作、傳統技藝傳承創作；資源環保類別的廚餘回收運用、生活用品廢棄物回收、廢棄電池回收、二手衣回收等。

用創新思維找出台灣需要的第三方管理

如此多樣多元的組織業務類型一如臺灣社會各行各業縮影般，小宇宙式的多元就業方案，看似繁花似錦，熱鬧非凡，卻仍得高度倚賴外部捐贈與政府補助，方得以運作順利。面對政府龐大的財政壓力與福利國家危機，一再擴大社會福利給付或是擴張政府機構職能已成為不可能的任務。反而，如萊斯特．薩拉蒙（Lester Salamon）所言的「第三方管理」（third party government）體系已成為可能的選項——由政府透過逐步的補助，或者說「投資」民間組織建構提供社會福利服務機制的能量，而後移轉給專業非營利組織提供福利服務。政府的「補助－移轉」模式，顯示了政府與非營利組之間的關係存在著伙伴、依賴關係並存現象。

於是，同樣面對社區組織變革、政策轉型的十字路口的英國，發展社會企業的時間約略與台灣的多元就業開發方案相當，遂成相當重要的對照。當時的世界各國也都面臨全球化網羅中的金融風暴，無一倖免的經濟不景氣帶給各國高度的經濟與社會的壓力，所迸發的問題已經不是過去的經驗與解方所能解決，而必須用創新的制度思維走出一條不同於以往的道路。各國都必須解決自己的問題，而解方也在自己身上。

太陽花學運的時候，年輕世代大聲說出，自己的國家自己救。當然，自己的社區，也要自己救。社會企業不是萬靈丹，但，至少是一種帶動社會創新的嚐試。

一則自家寶藏的禪宗公案說，慧海禪師初向馬祖道一大師求法，馬祖道一說：我這裏一物也無，求甚麼佛法？自家寶藏不顧，還拋家散走？慧海禪師一頭霧水，於是再問：哪個是慧海寶藏？馬祖道一說：即今問我者是汝寶藏，一切具足，何假外求。慧海禪師一時醒悟，自識本心。台灣也一樣，已經有了轉型社會企業的準備與基礎，而且，一場翻轉舊體制、舊思維的社會企業運動，正在台灣各社區角落，寧靜的孕育、推動中。

亞洲國家競相發展社會企業

我之所以用社會企業運動來形容台灣目前萌發且日漸蓬勃發展的社會企業狀況，是因為台灣有愈來愈多年輕世代的創業家，以社會公益為創業、營運的核心價值，逐步的改變既有社會強調經濟私利的典範。而這樣的社會運動不只在台灣蔓延，也在亞洲地區延燒。過去的亞洲四小龍，也在發展社會企業的進程上，各有進度，各有特色。

後進猛追的新加坡大力推廣社會企業，社會與家庭發展部（Ministry of Social and Family Development）匯聚各國已有的發展經驗直接推動成立社會企業，並揭示四種強而有力的社會影響模式：提升弱勢族群就業能力、增加就業機會的工作整合模式（work integration model）；營運獲利而回饋母慈善組織與慈善子關係組織的利潤回饋模式（Profit plough model）；向主流顧客收取一般費用，對弱勢族群採行價格補貼的補助服務模式（Subsidized service model）；以及解決社會問題、滿足社會需求的社會需求模式（Social needs model）。

香港的社會企業發展也相當迅速。2008 年，香港社會服務聯會獲匯豐銀行慈善基金及社會福利署補助成立「社聯－匯豐社會企業商務中心」來推動香港的社會企業創業精神及社會創新。在 2010 年與麥肯錫公司共同編制全港首個客觀量度社會企業效益的工具（SIAT - Social Impact Assessment Tool），以財務的可持續性（financial sustainability）、受惠者（recipient benefits）、就業機會（employment）、再就業情況（outplacement）、社區參與及公眾認受（community engagement）、義務工作（volunteer force）等六項指標來衡量社會企業的營運表現，協助社會企業有系統地全面掌握營運狀況，並配合定期的專業顧問服務，以循序漸進方式，逐步改善營運效益。

韓國以專法專署推動社會企業

韓國在 2007 年成立「社會企業促進法」（Social Enterprise Promotion Act），並在勞動部下設專責單位負責推動社會企業。社會企業發展的整體目標雖鎖定在重視社會服務的需求及社會與經濟的平衡發展的促進就業方式上，卻也大力鼓勵、輔導、育成青年致力新創社會企業。到了 2012 年年底，又推出為期 5 年（2013～2017）的「第二次社會企業培育基本計劃」（The Basic Plan for Social Enterprises Support），來強化社會企業競爭力、擴大社會投資及啟動輔導社會企業發展的支持體系。

韓國政府盡全力發展，當成是一項新興產業來扶植，並協助建構能夠讓社會企業健全生長的生態系統。每一個環節所鏈結之處，逐步形成產業供應鏈的關係，而初具社會企業區塊的雛形。從推動開始的50餘家，到2013年已逾700家（截至2013年）。2014年，在首爾舉行的世界社會企業論壇（Social Enterprise World Forum），由齊心協力基金會（Work Together Foundation）舉辦，讓韓國步上世界社會企業舞台。

對照台灣的處境，如果，台灣繼續放任貧富差距懸殊的社會結構蔓生出森嚴的階級，社會對立與相互排除只會更深；如果台灣繼續沉溺於無效的政策數字指標，而繼續由官僚體制掌控合法但不合理的資源配置，城鄉差距只會更大；如果台灣不能針對社會問題，提出具有社會、經濟與環境的三重社會價值解決方案，社會問題只會更多；如果台灣未能結合運用地方產業與社區發展的人力資源，仍各自為政，分派分掛，就會錯失以公民參與社區事務進入國際舞台的機會。想想自己，看看國外，一股國際競爭的時間壓迫感油然而生。

台灣發展社會企業的種子已在社區

回國之後，我陸陸續續的在臉書中將這次出訪英倫的心得寫下來，嘗試作為自己思考台灣發展社會企業的參考座標。隨著發掘資料與個案愈深，除了讚歎英國發展社會企業的按部就班，循序漸進之外，也很清楚台灣發展社會企業的實踐，其實已在各地社區之中。

社會企業並非萬用的靈丹妙藥，但是強調社會、經濟、環境三重利益的核心價值，除鞏固社會企業組織的永續營運之外，其社會創新的能量卻不失為解決貧富差距問題，預防社會連帶崩解的一種新出路。

在政策轉型過渡到社會企業的過程中，需要從制度設計的角度來重新架構政府與民間資源共同解決社會問題的夥伴關係。一方面從政府引導倡議觀念開始，透過諮詢、輔導、陪伴民間慈善公益團體改善既有的慈善輸送模式，思考以新生組織達成社會目的；另一方面，建立公、私資本投入社會投資範疇的平台與管道，讓社會企業家的創業體質更建全，得以面對規模經濟的挑戰。打造適合社會企業發展的完整生態系統，才能讓社會企業發揮社會納入的效果，重新找回失落的社會信任與連結，塑造社會自我治理的機制。

社企話題

社會企業與社區高度連結的事業

對照世界各國社會企業所從事的範圍，從青年就業、健康與社會照顧，節能減碳、再生能源、環境保育，到社區運輸、零售販賣、住宅供應、教育輔導、就業職能等等，幾乎涵蓋社會各層面。扶助對象更擴及到在弱勢發展社區處理失業、貧窮、歧視、就業技能不足、低收入、居住條件惡劣、高（再）犯罪率、更生人、健康議題、中輟生、邊緣青少年及兒童，破碎家庭等等造成社會排除現象的問題。這些議題都與社區高度連結，也是台灣非營利組織、社區組織主要使命與宗旨。

一窺英國社企風景的行程安排

有了這樣的思考，我將出訪英國所見所聞，回國搜尋個案的點點滴滴，寫成這本英國社會企業之旅。出發前，參訪行程安排涵蓋官方與民間的機構與組織，並盡可能到社區去看第一線執行的單位。此行拜訪了官方的工商創新與技能發展部（Department for Business, Innovation and Skills, BIS）以及公民社會辦公室（Office for Civil Society）兩個組織，希望了解英國政府推動社會企業的過程以及所遭遇的問題。

民間團體則安排走訪英國最大的倡議組織 SEUK（Social Enterprise UK）、為擴大社會企業效益而增加社會投資部門的大誌投資（Big Issue Invest）、學界與業界結合的史柯爾社會創業中心（Skoll Center for Social Enterpreneurship）、社會企業創業家的共同工作空間 Impact HUB、培育社會企業創業家的 UnLtd、以及在地方社區執行身心受限者就業計畫的第一步信託（First Step Trust）。雖然這只是英國眾多社會企業中的一部分，不過，在有限的時間內已經儘可能去參訪不同樣態的社會企業營運模式。

我們一行 8 人，成員多來自勞工委員會職訓局時期所轄各分署負責多元就業開發方案的成員。在團長——職訓局社會經濟辦公室副主任施淑惠率領下，連同中心副研究員林嘉偉、中彰投就業服中心主任林淑媛、計畫管理張雅雯，高屏澎東就服中心秘書陳怡雯、雲嘉南就業服務中心計畫管理黃佳琦、桃竹苗就業服務中心計畫經理張玉慧，還有我。除了嘉偉，都是第一次踏上英格蘭，帶著有點陌生的新鮮感，走進昔日大英帝國的政治經濟中心，看看舊帝國怎樣透過社會企業重新站上典範地位。上一世紀是金融資本中心的帝國建構，這世紀是社會投資中樞的創立。帝國在經濟與社會之間的轉身，還是體現著「最大多數人的最大幸福」原則。

雖然在緊湊行程下只能看見英國社會企業的一小角落，但有趣的是，我們去拜訪的眾家單位給台灣發展社會企業的建議相當一致，都是建議先從分析現狀、盤點資源，進行倡議、雙向溝通、改變思維開始，接著兩線分頭各自發展民間組織的獨立治理與政府行政效率的變革與效益評估，自然逐步吸引各界參與而演化出生態完整的社會企業體制。

英國之旅結束，社企之旅才正開始

回到台灣後，我更透過文字與網路的延伸，接觸到遠比在倫敦時更多的訊息，尤其是英國政府的 GOV.UK 官網內部的政策文件、SEUK 的活力訊息，都牽引出更深層的思考。

本書分成政府部門的行動與民間的實踐。在政府部門方面，從英國的社會企業定義下的法制結構寫起，經過專為社會企業設計的社區利益公司、管制觀、社會投資銀行、社會效益債券、社區行動中心、向紅帶挑戰、社會企業標章等，再接續親身拜訪政府部門與社會企業的所見所聞。

而社會企業案例方面，我特地挑選8個著名的英國社會企業個案：**英國大誌**、**Belu Water**、**Cafedirect**、**Eden Project**、**Elvis & Kresse**、**Jamie Oliver's Fifteeen Restaurant**、**Women Like Us**、**CSH Surrey**、**Impact HUB**；以及 6 個國內正在萌發的個案故事來對看：**心響和作農社**

的邱榮漢、藏身土溝社區的黃鼎堯、帶動小鎮文創的何培鈞、自在生態風格的王順瑜、編織逐夢人生的陳靖賦，以及讓愛加倍蔓延的陳忠盛。

這幾年社會企業在台灣的發展相當快速，不只是從觀念上的引介、案例介紹、國內外社會創業家的交流，乃至於實際上逐步運用資訊科技跨越產業界線的創新實作，都有令人耳目為之一新的案例出現。

台灣創業家萌發的狀態一如國外的社會創業家（social entrepreneur）的起始軌跡，不管是從社區、區域或全球層次，都是針對最迫切、最需要解決的社會問題，提出設計解決方案，並透過社會創新的營運模式，進行社會成效的效益評估以達成更寬廣、深遠的社會影響。

儘管，台灣目前並未有官版的定義，民間各界也對社會企業的界定各自表述，但是，定義不明並沒有阻礙社會企業開花結果，許多台灣社會創業家已經拋開定義之爭，運用既有的法定組織形態來運作，強調以實作的效益，而逐步形成一股社會企業運動的風潮。在這股風潮的背後，既不主動要求政府輔助，也不向既存企業靠攏，而是透過不同的營運模式，運用同理心消費的原理，轉換消費者成為參與者，直接通過市場經濟的考驗，吸引消費者積極參與農業社區化，重新將在地社區的人文物產，帶進社會企業所標舉的社會、環境與經濟的三重底線之中。

之所以選擇前述這 6 個台灣個案，因為有著以下的特色：

以創業的熱情返鄉或是自我移居，融入在地，運用清晰的營運模式，結合企業運作與社會使命，關注社區的利害關係人，進行社區營造。不極力追求經濟規模的效率，而是在意如何將社會影響力發揮極致，因此，在所設計的營運模式中，都發展出與在地的非營利組織的夥伴（如，王順瑜、陳忠盛）與協作關係（如，黃鼎堯、何培鈞、邱榮漢、陳靖賦），同樣面對了混合運用不同組織的協同管理效能，一方面，讓共同協作的非營組織單位依據社區經由討論規畫出來的上位發展計畫與不同發展期程的進度，向相關部會申請政府補助案，實現公益價值，另一方面，則成立公司型態或是事業部的組織，強化市場競爭力，並運用盈餘，重新投入職能提升與基礎設備的施作。

我嘗試用具體個案的描述來闡明社會企業的原理和脈絡。國內外的個案型態不一，但共通點無一不是利基緊扣社會問題而來。我盡可能整理得完整，也希望能夠與台灣關注、參與此議題的朋友分享。

• 台灣案例營運條件

營運條件／創業者	NPO 組織形態	結盟合作夥伴
邱榮漢	和作農社	· 臺灣古厝再生協會 · 附近有機耕作小農
黃鼎堯	台南市土溝農村文化營造協會	· 水牛設計部落有限公司 · 水牛建築師事務所 · 耕藝耘術有限公司 · 田園野趣有限公司 · 無限迴音有限公司
何培鈞	竹生活文化協會	· 小鎮文創股份有限公司 · 前山綻文創工作坊 · 天空的院子
王順瑜	保證責任南投縣日月潭農產運銷合作社	· 千紅農場 · 臺灣農夫生機股份有限公司
陳靖賦	南投縣青竹生產合作社社	富州休閒農業區協進會
陳忠盛	喜樂小兒麻痺關懷協會	· 愛加倍庇護工場 · 喜樂保育院

歌德說：「人之所以愛旅行，不是為了抵達目的地，而是為了享受旅途中的種種樂趣。」這一趟倫敦行，像是取經，也像是讀經，身歷其境的感受到英國按部就班的發展社會企業體制。這一趟倫敦行，其實就是一場社會企業的追尋之旅。

這些文字，一開始只是依著行程表記述我們這一群旅人到英國倫敦參訪所遇見的許多有趣、緊張的事，以及後來搜尋補充當時思見不及之處，夾敘夾議，

	品牌	營運模式
	和作農社	共同收集附近地區廚餘，以自然、有機的農法耕種綠竹筍。 聯合鄰近與 NPO，增加農產品多樣性，推動產地文史小旅行。
	優雅農夫 藝術工場	協會安排社區導覽、解說、用餐以及社區單車遊等，培力農村。 藝術工廠以生態工法建置農村為生活美學空間，並向外開發業務。
	小鎮文創	協會提供遊程、解說，帶動小鎮旅遊人潮。 公司負責產品設計與行銷。
	台灣農夫	自然、有機農法，保持地力。 品牌行銷合作社農產品，增加農民收入。 生態教育。
	青竹竹文化園區	結合竹子的生態、生產、生活、創作、景觀等功能，推動兼具觀光休閒、生態保育、地方產業與文化特色的竹類教育園區。
	愛加倍庇護工場 伯力歐家園	培訓身心障礙朋友具有：電腦美工排版印刷與網路工作、人際互動、銷售等職業技能，增加就業競爭力。

屬於同仁興味的臉書文章性質。經過此行眾家兄弟姐妹的鼓勵，以及如我兄長般照顧我的利錦祥及桃園市邱太三副市長的支持下，開始往一本書的方向蛻變。答應出版的新自然主義出版社社長洪美華，幾經閱讀過初稿後，認為應該拓展架構，而屢屢在她出版社樓下日本料理店內，討論增刪部分，她的建議都很寬廣與沉重，但都說得雲淡風輕，最後也都壓著我快速變形，再經過主編莊佩璇小姐的嚴格審稿下，而成為今日的模樣。如果沒有他們對於出版專業的堅持與標準，這本書不可能完成。此行眾家姊妹在參訪過程中，凡走過必拍下的相片，也扮演書中眼見為憑的角色，也都要一併感謝。我沒有寫成學院式文章，所以省略援引出處的篇幅。

寫書的過程一如旅程，總得告一段落，本書所介紹的社會企業仍不斷在進化，反覆閱讀查找的資料容有時間差，但是，若有我所弄錯的資料，個人主觀詮釋的意見，自然是由我負完全責任。

最後，這本書要獻給我的母親與女兒以言。母親對我總是帶點溫溫的嚴肅，要我「尚善如水，出門結緣」，說成閩南語就是要「跟人家好鬥陣」。而女兒對我就有點爽朗，老是在我的隨身筆記扉頁偷偷寫下「Daddy, you are so cool, funny and silly」。她覺得我做的事純屬搞笑居多。她們兩人大概沒有想到我會寫一本書，更沒想到會是一本不那麼嚴肅講社會企業的書。不過，事情就這樣開始了。

就當作是前言

歐洲社會企業發展脈絡

不到 20 年的時間，標舉公益旗幟、解決問題導向的社會企業如社會運動般，已從區域的一個新興現象，一線趨勢，發展出各式各樣多元、複雜、創新且可以自主營運的地景，可以說是另一股新興的全球風潮。雖然，自古早已有各種民間團體的濟貧慈善活動，其中也有些透過企業經營方式獲得運作經費，但是，當代社會企業家透過經濟活動來實現社會、經濟與環境價值，並解決問題的發展卻更為熱烈。社會企業現象，所展現的以社會公益為優先的基本精神，已然成為當代消費、營商的重要思維。

七〇年代：因應經濟衰退政府失靈的工作整合型社會企業

追溯古今社會企業現象的緣起，都與經濟發展而引發社會貧富差距懸殊問題有所關連。1970 年代經濟衰退，所引發的大量結構性失業以及政府財政緊縮，直接綳緊了歐美福利國家體系的邊界與能量，各國政府雖然投入大量資源，想方設法以經濟政策促進經濟與解決就業問題，然而，公、私部門所提供的照顧與服務，在質量上已無法滿足日漸增多的社會需求。解決方案未隨著情勢變遷、環境脈絡而改變，解決社會問題的成效也遠不及來自市民社會的非營利組織，為解決高失業率所連帶引發的社會問題，而提供創新的社會服務方案來得明顯。

政府失靈讓許多 1970 年代在社會第一線的市民社會推動者、社會工作者、社區活動者與工會人員發展出「工作整合社會企業」（Work Integration Social Enterprises，WISEs），主要是針對結構性失業下，被主流勞動市場排除的勞動者、就業職能不佳的長期失業者，來重新設計勞動參與的工作模式，讓他們能夠重新進入生產活動中，獲得經濟收入，進而穩定社會生活。

由於未接受任何公私部門補助，當時歐洲各國社會企業的組織，多以協會與合作事業為主。在合作社傳統強大的國家，如德國與丹麥，失業勞動者就以強調互助合作的合作型態運作。而以協會形態存在的社會企業，如法國，則多由社區與社會工作者組成，在法律許可的範圍內，得以在公開市場上銷售商品與服務，協會組織因而與地方社區居民形成緊密依賴的夥伴關係。

八〇年代：公部門補貼政策與社會企業體系開始整合

到了 1980 年代，許多國家開始以更積極的政策處理失業問題。除了提供失業者失業救濟給付外，也開始透過職涯引導與職業訓練的支持體系、補貼公部門與第三部門，僱用失業者從事具有社會利益的工作計畫，來降低失業的衝擊。在此政策脈絡下，工作整合模式的社會企業開始與公部門對話。許多國家開始承認社會企業的效益，支持立法給予法律地位來規範運作範疇，管理公益獲利行為。

此時，工作整合型社會企業在歐洲衍生出兩種類別：在全國與地方區域層次，以公部門計劃補助工作整合型社會企業，以及透過法律來規範追求社會使命的社會企業。這兩種類並不必然互斥，有些國家甚至直接由公部門計劃提供資金贊助社會企業。採取工作整合模式的社會企業，已經開始被納入許多國家的法制系統中，更明確的表明國家鼓勵、支持追求社會使命的經濟活動。

採行工作整合模式的社會企業，歷經近 20 年的發展而有不同的模式出現。數量最多的模式是，由社會企業直接提供一段固定時間的就業機會，或是透過實地的工作來達成訓練效果（training-through-work）。如，比利時提供高品質的實習與訓練；在法國，則提供一年時間的就業機會。有些工作整合的社會企業完全依賴政府贊助而存活，有些則藉此而發展出獨立於公部門補助的運作形式。

多數國家都有長期補貼雇用身心障礙人士的措施，以便讓社會企業組織能夠透過就業契約以及庇護工場，來彌補身心障礙人士的生產能量與傳統工作領域所需生產力之間的落差，如丹麥、瑞典、愛爾蘭、芬蘭等國家。有些國家則採取讓給個人財務自足的永續就業模式：政府針對特定生產職能不足的群體，提供初期的公家補助，隨著遞減補助的期程，社會企業必須透過商業活動的利潤，來支付勞動者的薪資，如英國以及部分的德國合作社組織。有些國家的工作整合類型，則是針對需要再社會化的族群，如更生人與遊民等，透過生產活動的設計，整合進入社區生活圈，如法國、西班牙與瑞典。此一模式，志願工作者扮演相對重要的角色，然而，能從外部獲取的資源卻相對有限。

民間非營利組織絞盡腦汁、費盡心思所想出來的各種創新思維，著實各有特色，然而，不管採取何種不同的模式，工作整合模式的社會企業都與創造就業關係密不可分。在個人服務業、公平貿易、微型貸款、再生能源等領域都已有許多案例，而且通常是落在勞力密集的營建、木工、資源回收、公共區域清潔以及產品包裝等行業上。儘管有上述幾大類別的區分，仍然有些社會企業無法據此分類，這意味著社會企業的模式，在既有的經濟與社會體制內進行一場重新界定勞動關係與工作方式、重塑社會價值，翻轉公益思維的微型革命。

各國社企型態風貌迥異

不同國家面對自身問題所發展出來的社會企業型態，各有不同的長相與風貌，也各有其特殊的歷史性格。北歐、中歐、法國、義大利、西班牙等國以合作社形態見長；1989 年共產世界崩解後的東歐國家，則以社會合作社的型態來修補國家退位後的社會崩解狀況。合作社類型的社會企業清楚的標明，社會企業座落在社會經濟的傳統脈絡中。而英國傾向以營運獲利的公司型態來驅動，美國觀點更是清晰的表明可以透過商業活動來達成社會使命。

為了因應新興的社會企業現象，有些國家以立法的方式來定義社會企業，有些國家以政策來推行，內容寬鬆不一，推行力道各有輕重，但是，都具有著以下的特性：實現社會公益，尤其是針對特殊邊緣族群的需求，設計許多社會創新的作為來進行社會整合。為了更有效率的運用稀少且具競爭性的社會資源，而鼓勵混合運用不同法律形式的組織，來進行組織營運與變革。

社企話題

社企的經濟、社會、參與三類指標

1996 年在一群經濟、社會、政治與管理學者所領軍的歐洲研究網絡（EMES European Research Network）的推動下，對於歐洲國家眾多的工作整合模式的社會企業進行分析，並發展出經濟（穩定且持續生產產品與提供服務的活動、承擔經濟風險的程度、給付工作薪資的最低底線）、社會目標（對社區有力的目標、市民創制行動、有限的利潤分配）與參與治理（高度自治、社會所有權、平等且參與的決策權）等三類指標，來幫助社會企業因應新環境與制度脈絡的組織轉型。在此意義下的社會企業是一個由個人自主組成的組織，依據企業運作的標準來從事生產活動，提供服務，將經濟活動的獲利，直接用於，或是再投入實現組織所設定的社會目標之上。

儘管社會企業強調經濟利益的重要性，非營利取向仍是重要核心價值，有獲利的話，則必須再投入盈餘，藉由資金的挹注而強化組織與營運的體質，以擴大或深化社會效益。也因為社會企業家發動許多社會創新的營運模式來關注公共利益，反而帶領著改變社會的步伐，讓低效率的政府官僚體制改變，直接且主動的與深入社區第一線，嘗試以創新產業營運來修復社區關係，解決社會問題的少會企業組織，共伴同行。除了鏈結並深化社會信任，也開啟了社會企業參與政府公共支助、委辦、採購的空間，活化社區資產。

九〇年代：透過提供服務與產品達成社會公益目標

1990 年代出現在歐洲的社會企業是座落在第三部門中。歐洲國家逐步發展出來的社會企業制度架構的特色，讓非營利組織經由穩定且持續的，以提供產品與服務的創新創業經濟活動，產生利潤，來完成社會公益目標的模式，逐漸成為許多國家法制化所規約的合法範疇。社會優先、創造就業以及限制利潤分配等原則成了發展社會企業的重要原則。

因第三部門組織力量在社會經濟領域所集結的主要成員，通常是具有特定法律地位與規範，而且是私人非資本家範疇的合作社、協會、互助社、基金會等組織，所牽動的對象相當多元，包括了志願服務者、服務使用者、產品購買者、內部員工、私人捐贈者、社區居民、公部門組織等各種利害關係人。組織的經濟活動是透過獨立、民主的管理機制，來服務會員、社員與社區等集體的、公共的利益，而不是個人利益的極大化。社會企業挑戰了傳統經濟理論裡，認為企業是為股東利益集大化而存在的既定思維，引發了對企業本質的再思考。

雖然不是所有國家都以社會經濟來稱呼此一新興領域，但是，社會經濟範疇卻與合作社運動有密不可分的關係。由於不同的國家推動社會企業的策略不一，面臨的問題不同，發展的過程迥異、建立制度的速度不均，在歐洲國家中發展社會企業的制度化過程中，透過合作社型態來提供社會服務與工作整合的目標，不僅扮演重要的先鋒驅動角色，也已經越過傳統合作社以社員為利益的運作模式與組織界線。

義大利是立法確立社會合作社資格的先驅

1991 年 11 月 8 日，義大利國會正式立法通過編號 381 法案（Law 381/91）確認以追求社區共同利益為目標的新型態社會合作社（social cooperatives）的法律資格，成為第一個透過立法確認社會企業的營運範疇以及組織型態的國家。義大利的社會合作社分為 A、B 兩種類型，類型 A 的社會福利以及教育服務合作社，以及類型 B 的工作整合合作社。不管是哪一種類型都具有企業經營與創新的本質，以及實現生產活動的特色。

社會合作社的成員通常是前述社會弱勢的勞動者、志願服務人員、社會合作社的服務使用者以及其家人；對企業化的經營活動則有所限制，都是針對身心障礙者、高齡者、少數族群、藥酒毒癮者、更生人以及邊緣兒童與青少年，提供社會服務或將之整合進入生產活動。參與類型 B 合作社運作的社會弱勢族群人士中，有高達 30% 的比例是在法律規範或保障之外的族群，如，遊民街友、長期失業者、未婚單親媽媽與難民等，藉由在合作社一起工作，提供技能訓練與工作自信心。

運作多年後，社會合作社已經由地方政府以委外方式（contract-out services）運作，成為支持義大利社會福利系統運作的要角，以及活絡經濟的重要部門之一。從法案通過以來，社會合作社的數量以每年10-20%的速度增加，到2008年就有12,428家社會合作社，雇用350,000名勞工，350,000自願工作者的參與，以及4,500,000名服務使用者，貢獻90億歐元的產值，創造53億歐元的附加價值，同時也吸引了73億歐元的資金投入。

2005年義大利再度立法（Law 118/2005）確立社會企業不限法定資格條件作為社會企業的合法形式，並且跨越了合作社與傳統非營利組織的組織形式邊界。只要符合分配利潤的限制以及適當比例的勞工與受益人代表等利害關係人參與治理，以投資持有所有權形式的組織，也允許納入社會企業的法律管轄與監理傘之內。而協會與基金會若要登記成為社會企業，則必須提供明確的證據來顯示企業營運的特質。

歐洲國家的公司型態改革

隨著法制化，歐盟規範下的租稅減免，以及相關政府優先採購措施，形成促成義大利發展社會企業的環境要素。由社會合作社模式的觸發效應，除了拓展社會福利以外的工作項目之外，擴展出不同組織類型的社會企業。傘狀的社會企業組織概念，讓不同的社會合作社得以因應各種的社會需求，而從現有的組織分離出不同業務的合作社，形成具有交叉分工、範疇經濟規模的合作社／企業形式（consortium）。此種混合分工與策略聯盟的關係，不只強化不同合作社之間的內部管理能量；也鞏固向外參與不同政府標案之間的專案管理與方案協調功能，不僅有能力取得大標案，而且能夠獲得更大的綜效。

在義大利拓展具有強烈企業營運特質的社會企業組織形態的影響所及，比利時在1995年，也立法成立社會目的公司（social purpose company），葡萄牙則成立有限責任社會合作社（social co-operative with limited liability），西班牙在 1999 年成立社會服務合作社（social services co-operatives），法國也成立集體公益合作社（co-operative society of collective interest），英國則在 2005 年成立社區利益公司（community interest company）。

在傳統的公司法框架中，公司有不能犧牲獲利的營運壓力，而放棄了社會目標。非營利公司則被許多不必要的規定綑綁，而無法募得資金，壯大營運能量。這讓許多具有社會使命的組織無法以有效率的營運來達成社會目標，對於合作社與互助組織的營運也欠缺適當的規範，而無法擴大社會價值的社會影響力。

社企話題

美國的兩種社企公司型態

美國也在 2010 年 4 月由馬利蘭州率先通過利益公司（Benefit Corporation）的立法，隨後共有 28 州跟進。要成為利益公司必須有明確的社會與環境使命，對勞工、社區、環境與股東負法定的忠實義務（fiduciary duty），出版獨立的驗證報告說明對社會、環境的影響力與財務效益。在美國進行公司型態社會企業的另一個選項是由佛蒙特州（Vermont）在 2008 年率先立法通過的低獲利、有限責任公司（low-profit, limited liability company，又稱 L3C）。L3C 公司是有限責任公司的變形，強調追求慈善、教育、社會等公益價值是公司優先存在的目標，其次才是獲利。這些國家對公司型態的改革，說明了既有公司體制是社會公益與獲利不能兩全的不友善制度設計。

義大利經驗所觸發的英國體系發展

義大利的先驅角色吸引英國的民間倡議團體「社會企業倫敦（Social Enterprise London，1998 年 4 月成立）」，在 2002 年 2 月赴義大利考察社會合作社，返國後發表「義大利的社會合作社：英國的課題（Social Cooperatives in Italy: Lessons for the UK）」，報告中指出，義大利之所以發展成功的主要因素，在於政府從基礎建設著手，打造一個適合社會企業發展的生態環境：透過制定法律賦予明確的法律地位、承認社會公益範疇、監理機制、支持雇用弱勢族群的法定義務；政府運用政策工具，如，優先公共採購、租稅減免，來引導民間組織參與公共服務，以擴大社會公益範疇；施行合作社分工聯營，以及提供財務與資金借貸上優惠等等措施。

然而，義大利的社會企業，參與社會服務的份量相當吃重，透過分工聯營的模式，更加重參與規劃社會服務的角色。但是，英國在社會服務方面的情況則有點不同。

強調市場機制的英式公共服務

英國合作事業組織的發展歷史雖然悠遠，當代型態的合作社也可溯到 1844 年，在英國北部的城市羅斯代爾（Rochdale）成立的「公平先鋒合作社（The Equitable Pioneers Co-operative Society）」。合作社以開放會員、民主管理的方式，提供會員食物，再將交易所得的利潤回饋到合作社的成立宗旨：救濟資本主義所造成的貧困問題。如此合作事業型態雖具有社會企業特性，但是，1970 年代到 1980 年代以降的英國政府，更強調以準市場機制（quasi-market mechanism）來進行公共服務，透過競爭來提升社會服務效率。政府雖提供資金與管制規範，卻不是由公部門獨佔，而是將社會服務的範疇，開放給公部門、第三部門以及營利組織等各種類型組織，讓所有部門彼此競爭。因此，在貼近市場運作機制下，英國的勞動策略也一直以提升勞動市場運作的效率為重點，如減少雇主與求職者間的訊息落差、提升就業訓練層次、增進職業流動能力、改進就業媒合過程等等。合作社或社會企業型態的工作整合模式，雖提供了弱勢族群的服務與就業，實際並未扮演政策的要角。

在市民自主參與的社會文化，以及政府以法制支持準市場機制的環境下，英國政府一開始並未很明確的張舉社會企業政策，而是由地方發展組織——社會企業倫敦（Social Enterprise London），將社會企業這個名詞當成組織名稱，並用來倡議社會企業的觀念。社會企業對邊緣社區、弱勢族群帶來的社會納入效果或確認後，政府才著手運用分配社會資源的權力，透過民間與政府內部的行政改革與法規修正，開始推行社會企業政策。

1990 年代英國的社會企業組織，包含了合作社、協會、慈善團體、社區企業等等，都已開始運用商業模式，處理不斷湧現的各種社會需求。1998 年工黨東尼．布萊爾首相兌現其競選諾言，簽署政府與志願性民間團體與社區部門的公約（Compact on Relations between the Government and the Voluntary and Community Sector）來提昇勞動關係，包含了政府與第三部門間的補助與採購關係。經由國會兩黨同意相關法令後，非營利組織開始成為地方政府發展策略、解決犯罪與治安、發展兒童信託的在地夥伴。

1999 年英國政府內閣組成跨部會小組，協調資源配置，進行民間倡議，啟動一連串修改相關法制、簡化行政程序的改革。工黨的布萊爾首相於 2001 年在工商貿易部內成立社會企業小組（Social Enterprise Unit），負責協調眾多社會企業與政府部門，所涉及的利害關係人之意見，確認社會企業所將面臨的各種挑戰，並啟動社會企業永續發展環境的建置，提供相關建議之外，也藉由知識管理來改善社會企業的管理能量，推動全國性事務。屬於民間倡議組織的「社會企業聯合會（Social Enterprise Coalition，SEC）」於隔年成立。雖然，社會企業小組在 2006 年，由內閣辦公室內的第三部門辦公室（Office of the Third Sector）所取代，並在 2010 年改為市民社會辦公室

（Office of Civil Society），然而社會企業小組的成立被形容是石破天驚，具有政策先鋒的舉動。

在 2001 年到 2006 年之間，社會企業小組所提出的建言，不僅涵蓋了政策、立法與支持社會企業永續發展的資金贊助與財務體制；更促使英國政府完成社會企業基礎制度的建置、確立社會企業的政策定義，並建議立法允許完全不同於以往的社會企業組織形式——社區利益公司（Community Iinterest Company,CIC ）。在社會企業小組的領軍下，英國形成政府帶領，行政與民間兩線分頭執行的社會企業推動策略。

政策型的社會企業定義成為共同行動框架

為了廣納政府、第三部門與資金贊助者進入社會企業領域，在 2002 年時，工商貿易部（Department of Trade and Industry,DTI）提出為期三年的政策說帖——《社會企業：邁向成功的策略（Social Enterprise: a strategy for success）》，將社會企業定義為：「主要透過經營事業來達成社會公益目標，並將商業營運所獲得的利益，再投資於所欲達成的社會目標或是服務社區之中，而不是為企業股東與所有者的利益極大化而存在」。

英國政府在發展社會企業政策有明確且具體的方向。

卡麥隆內閣大社會政策的核心面向

布萊爾首相任期內，提出政策綱領與實際作為，奠立了英國社會企業發展的基礎。之後的英國內閣承接了民間與政府同時並進的政策軌道，卡麥隆內閣更提出大社會政策（Big Society），繼續建構完成適合社會企業發展的完整生態體系，其政策核心的幾個面向包含：

一、**建立民間發聲管道**：以推廣倡議的方式，解決對社會企業的認知與理解不足的問題。2011 年改組成立的社會企業組織 Social Enterprise UK（SEUK），現在已經擁有 700 多名組織會員，是英國國內最大的社會企業組織，除了積極影響政府與政黨決策、提高各界對社會企業知覺之外，並對社會企業組織提供營運諮詢、運用各種社會資源來健全社會經濟市場。

二、**培育社會企業的營運能力**：內閣辦公室在 2010 年成立的市民社會辦公室（Office for Civil Society，原名為第三部門辦公室）積極透過所管理的基金，鼓勵市民以社會行動改變社區事務，尤其支持針對老化社區的健康與社會照顧、青年就業等問題的提案。

三、**鼓勵孕育社會企業文化**：將社會企業的觀念與實作融入大學課程中，並鼓勵商業界與社會企業攜手，強化公益行銷，累積達成經濟、環境與社會三重底線的能力。

四、**運用消費採購權**：2012 年國會通過社會價值法案（The Social Value Act）讓中央與地方政府的公共採購，不單考慮最低價格，而必須重視如何實現多重的社會、環境的價值。積極遊說通過社會價值法案的 Social Enterprise UK，也在 2013 年發起購買社會企業產品的行銷活動「Buy Social」，來提高社會企業的能見度，擴大不同社會企業間的產業聯結，形成採購—供應鏈關係。社會企業標章（Social Enterprise Mark）也在 2010 年應運而生，透過嚴謹的審核，發給認證標章，提供全英國社會企業地圖，讓消費者或採購者能清楚的辨識社會企業組織與產品，確認其盈餘使用在公益目的；也讓社會企業強化品牌價值、商品定位建立信用度，進而達到促進公益消費與採購的目的。

五、**修改相關組織法規**：其中包含社區利益公司法（2004 年修正，2005 年施行），通過新的公司組織——社區利益公司（Community Interest Company，CIC）。目前英國約有 7,500 家社區利益公司。為了擴大非營利組織參與社會企業，2011 年國會通過修正慈善法案（Charity Act），慈善組織可以向主管機關慈善委員會（Charity Commission）登記為擁有公司法人地位的慈善法人組織（Charitable Incorporated Organization，CIO），方便慈善組織能夠以組織最大權益來訂立契約，而慈善組織的理監事只負擔有限的償債義務。

六、**推動「紅帶挑戰（Red Tape Challenge）」（2011 年）**：積極檢視現行的 21,000 條行政規章，刪除冗長、沉悶、多餘、無用的行政法規，加快行政效率以因應全球化與社會變遷快速的競爭壓力。

七、**鼓勵嚴謹的衡量社會投資，所達成的社會價值與財務報酬間的關係**：透過明確的證據，校正社會企業執行方案的內容與設計，既可避免錯誤投入資源，亦可提高組織的風險辨識能力，尤其創新的商業模式一直是社會企業的核心價值，在創新過程的初期階段所面臨的高風險，不能只從財務的角度來看，更需要從效能的角度，事證的基礎（evidence-based）來審視整體方案的決策、執行與風險，以免只見投資而不見效能。

八、**健全社會金融與社會投資（social investment）環境**：2012 年卡麥隆首相為落實其大社會（Big Society）政策，建構一個可以

> 永續發展的社會投資市場，而啟動「大社會銀行（Big Society Capital）」。以6億英鎊的基金規模，除了提供社會部門組織的財務與其他服務之外，也發行多種不同類型債券與基金：社會效能債（Social Impact Bonds，2010年發行全世界首張社會效能債券）、社會成果基金（The Social Outcomes Fund）、社會育成基金（Social Incubator Fund）等來處理複雜且花費巨大的社會議題。目前，大社會資本銀行已經投資5.6億英鎊在20個不同的中介團體（intermediary）上，並藉此支持了23個第一線的組織。除了政府領頭帶動，2014年4月起進一步實施社會投資稅賦減免，鼓勵大眾參與社會投資。內閣辦公室估計，英國的社會投資市場將在2015年達到10億英鎊的規模。

在此一政策性定義下，具有明確的社會使命、大部分的收入來自市場交易、大部分的盈餘重新再投入社會使命，構成了社會企業的基本元素。這三項元素交互激盪的結果，突顯了以提供產品或是服務的交易方式，傳遞社會、環境與經濟上的三重社會企業底線的價值，並藉由參與市場機制獲得營收，以達到組織財務獨立自主。

之所以採取政策定義，是出於行政效益的考慮。為了有效的執行社會企業政策，英國政府必須協調各部會，同步平行處理（Parallel Computing or Parallel Processing）社會企業的各種策略與做法。因此，採取要素性基礎（Component-based）的方式來定義社會企業，建立了一個社會企業共同行動綱領的框架，讓權責互不統屬的各部會間，一方面可以保持相當的自主、獨立的政策施作空間；另一方面則可針對各部會實際的需要，而自行調整執行社會企業政策的作為與進度。縱使有些部會的進度落後，也不影響整體的政策產出。如此具有鬆散的連合（loosely coupled）特色的系統，好處在於，政府部門內、民間組織與社會投資者之間，形成知識共享、彼此相互合作的網絡關係。壞處是難以保證效率，各部會可能會發生相互推諉、文來文去的情形。也因此，內閣辦公室隨之進行行政效率的變革，來提升政府競爭力。

在工商貿易部所提的定義下，是否成為社會企業的標準，不在於是否擁有法律地位，而在於所從事的業務是否具有履行社會公益的本質，並且是否能夠體現在不同的組織結構與治理模式中。也因為沒有使用嚴格的法律定義，而是強調社會企業所需具備的元素，從專注公益的慈善組織，到強調股東利益的公司，都可能被包含在社會企業的範疇之內。這樣寬廣的定義，目的就是為了擴大各界的參與，並帶動社區居民積極參與地方事務，產生認同與公共責任，並讓各界人士可以依據自身的需求，選擇不同的組織形式來發展社會企業。而英國社會企業之所以發展出各種不同型態的組織治理，形成傘狀光譜結構，涵蓋從慈善組織、協會、基金會、信託、合作社、社區利益公司等不同功能型態的組織，目的在鼓勵混合型態的發展，不僅可讓非營利組織不必因為經營事業，而導致內部成員對於公益組織追求經濟利益感到衝突排斥，反而因為可以成立公司型態的社會企業，化解公益與營利的矛盾，重新以公益商機合流，讓盈餘直接回流到慈善組織身上，強化非營利組織繼續從事社會服務的能量。而公司型態的社會企業，除了習慣面對市場挑戰之外，也清楚的明定盈餘分配比率、以具有真實事社會效益的證據，製做年度公益報告，讓社會企業公司與營利公司區隔開來。

如此，政府與民間可以在共同綱領上，相互呼應社會價值的不同做法，讓社會企業的營運範疇很多元，包括健康與社會照顧，節能減碳、再生能源、環境保育、社區運輸、零售、住宅供應、教育輔導等等，幾乎涵蓋社會各層面。

依據三年的政策期程，在 2006 年，內閣辦公室的第三部門辦公室發表《社會企業行動計畫：攀登新高峰（Social Enterprise Action Plan: Scaling New Heights）》，明確點出英國政府依據 2002 年行動策略的施行成果，更全面、系統性的深化了社會企業的發展。當時符合定義的社會企業約有 55,000 家，不僅製造了 270 億英鎊產值，約占一年 GDP 的 80 億英鎊，也在弱勢地區提供就業與其他發展機會，所提供的創新模式也連帶影響政府公共服務的形式與內容。

制度改革促使社會企業有超乎預期的表現

根據英國 2013 年 5 月公布的「社會企業市場趨勢（Social Enterprise Market Trends）」調查，社會企業已達 70,000 家，僱用 97 萬 7,000 人，締造 240 億英鎊的經濟產值。這些社會企業的制度變革，所發揮的效益也超乎政府預期，雖有許多組織仍依賴捐贈、補助款項，卻有愈來愈多社會投資家提供社會創業家與社會企業量身訂作的財務規劃，既可以讓所投資資金發揮解決社會問題的影響力，也提振了衰頹不振的經濟。社會企業如此快速崛起的背後，代表著在貧富兩極化的社會排除效應之下，透過商業手法解決社會問題的制度設計，發揮了社會納入（social inclusion）的效果，平衡了經濟與社會正義之間的緊張關係。

根據 SEUK 在 2014 年出版的《社會企業狀態調查（State of Social Enterprise Survey 2013）》中，將社會企業與中小企業進行比較。調查中指出，經濟衰頹、傳統公、私與第三部門的界線模糊，以及年輕世代對於公民義務與營商方式有不同的看法，推動了英國的社會企業數量的快速增長。

在調查中，一系列的訊息值得思考：

- 新設的社會企業中有三分之一設立剛滿 3 年或短於 3 年的，遠高於傳統中小企業的比例，這項數值從 2011 年開始調查以來首度增加。
- 在健康照顧領域的新創社會企業，數量高於傳統中小企業 3 倍。社會照顧類則是 2 倍於中小企業。
- 社會企業高度集中於弱勢地區，有 38% 的社會企業集中於全英國前 20% 的弱勢地區之中，而傳統的中小企業只有 12%。
- 有 38% 的社會企業由女性領銜主導，中小企業只有 19%，百大上市公司更只有 3%。91% 的社會企業領導團隊內至少有 1 名女性，而 49% 的中小企業全由男性主導決策。

- 在創新指標上，56% 的社會企業在 1 年內發展新產品或服務，中小企業則為 43%。
- 15% 的社會企業領導人為非洲裔、亞裔與其他少數族裔，28% 的領導團隊有非洲裔董事，在中小企業中，只有 11% 有非洲裔背景。
- 有 11% 的社會企業從事外銷，或持有海外銷售許可證，新設的社會企業遠比既有的社會企業更熱衷外銷業務。
- 38% 的社會企業比上年度營業額增加，中小企業有 29%，但也有 22% 的社會企業營業額下降，中小企業有 31%。
- 2011 年抱怨公共採購成為障礙的社會企業有 25%，到了 2013 年增加到 34%。有 32% 的社會企業收入來源是與一般大眾交易，與公部門打交道的比例也增加，尤其是新設企業。有 52% 的社會企業和公部門有業務往來，是中小企業的兩倍（26%）。
- 48% 的社會企業在 1 年之間尋求外部資金支持，也是中小企業的兩倍（24%），39% 的社會企業認為，難以接近財務管道是社會企業永續成長的最大障礙。

從這些調查訊息中，可以見到社會企業以社會運動的姿勢，帶起弱勢族群，走進邊緣社區，以勞動設計、創新模式的營運，轉動生活上的自我治理，營造信任，發掘社區產業的能量，而標舉出不同於傳統經濟的在地經濟特色。每一份產品、設計、服務都可以體會到參與其中生產過程的溫潤人情與努力。

著重經營能力，英國建構多元體系後發先至

在世界各國發展社會企業體制的過程中，英國雖有點後進，卻按部就班，迎頭趕上，一路演化出來的制度線索不僅有跡可尋，制度設計可謂相當完整，影響了各國社會政策施行走向。在政策推行上，鼓勵非營利組織運用自

身專業、創新的力量來培育經濟營運能力，逐步形成社會企業範疇（social enterprise sector）。在法制修訂上，在公司型態上，增列社區利益公司；同時也賦予慈善組織得以申請法人地位，讓不同性質的組織，都可以考量自身特性與核心能力，來選擇單一或者混和（hybrid）運作的模式，以確保管理經營上的穩定性。也因為此一兼容不同組織治理模式的社會企業發展體制，在強化經營能力之後，不僅可以確保社會效益的評估與檢定，也較能控制營運風險，如此一來，便能與私人創投基金快速接軌而發展出完整、多樣的社會投資體系，讓社會創新的影響力持續擴大、深化，而形成相當多元、健全的社會經濟範疇。

導引經濟利益與社會利益結合的效果，少了由上對下的主從關係，而以夥伴型態攜手合作解決社會問題，甚至以居民公共參與的方式，活化社區資產，更形塑了緊密的社會連帶關係，成就了目前英國相當完整的社會企業體制。以社會各界涓滴之力改變社會的效果，讓各國政府對社會企業的興趣愈來愈濃，不只因為看到社會企業能深入社會隱蔽的角落、翻新社區生產與就業模式、溶解社會排除現象等功能；更引發各國重新架構民間與政府之間的夥伴關係，以更有效益，達到更多重社會、環境與經濟價值的方法來共同處理社會問題。

以慈善信託 Frist Step Trust 為例，以經營 SMaRT 一系列事業，以投入弱勢就業訓練。

第一部

公部門：有效翻轉法制面與資金面

靈活組織型態構築多元社企風貌

英國對於社會企業的發展策略，並未從法律定義的角度來界定何者是，何者不是社會企業，相反的，卻是採取不著於文字定義之相的寬鬆界定，以組織所從事的業務本質是否符於社會企業的原則來判斷。

為了在社區中實現三種廣泛的社會價值，必須透過許多不同的組織型態來完成，不論以法人與非法人的組織型態，從最簡單的個人販商、合夥形式、信託、協會、基金會、合作社、社區利益公司、一般公司型態等都可以包含在內，向社會企業標舉改變社會的理想前進。

個人商販、合夥、及未具法人身分的社團與信託

- 個人商販與合夥事業的形式非法人社團（unincorporated association）的組織型態的社會公益行動，最常見的模式是捐贈行為，而營利所得之利潤除了會被課予所得稅、雇主與個人應支付的國民健康稅之外，年度增值稅（Valued Added Tax，VAT）若超過 7 萬英鎊，也都必須向稅務與海關總署（HM Revenue and Customes，HMRC）登記。

- 社區團體、俱樂部、讀書會等等具有會員制度的組織，屬於非法人社團範疇，由一群人擁有某種共同目的，而結合在一起的社團，內部也可能備有組織規章等，因為規模小、成立快速，也算是來去自如的團體。但是，因未進行法人登記而未具備法律人格，營運而無法以法人名義對外進行借貸與契約行為。若組織發生債權債務關係，多由非法人團體的代表人，以其個人身分負擔連帶清償責任。

- 信託（trust）不是法人，而是委託人、受託人與受益人三者間，環繞在管理與處分財產權的法律關係。由委託人將自己的財產管理英國人有一句話「horses for courses」，指的是跑甚麼路，騎甚麼馬。如此眾多的組織形式各有其優點，全憑個人依據自己的需求、評估、判斷來選擇適合的組織形態，發揮組織能量。

英國慈善組織有其法定資格

在英國普通法的傳統中，慈善組織是一種資格，必須選擇一種法律形式來實現其慈善目的。為了公共利益的慈善目的而成立團體或是信託，均受 2011 年通過的慈善法案所管轄。通常，慈善團體選擇責任有限公司、工商互助社、信託，甚至是非法人團體的形式來運作。正面表列在慈善法案中的慈善活動項目有：救濟或避免貧窮、促進教育、宗教、健康或挽救生命；促進公民或社區發展；促進藝術、文化、遺產或科學；促進業餘體育；促進人權進步、衝突解決或調節、宗教、種族和諧、平等和多樣性；促進環境保護或改善；

與處分權，移轉給受託人管理，並依據委託人設立信託的意思，為受益人之利益或特定目的，來管理或處分該財產權。如果信託契約（Trust Deed）是以慈善為目的，就是慈善信託。採取此一法律形式的組織，通常擁有一定資產或資金，雇用人數少，無須發展太多的營運活動，而以資金贊助公益慈善活動、參與營運為主，因此，管理簡單，營運成本較低。根據 2011 年通過的慈善法（Charity Act），受託人可以向慈善委員會申請法人證明，以執行信託契約的名義，而不是以受託人的名義持有財產來簽訂契約。此外亦具有訴訟權利。許多具有教育、健康照顧、環境保育團體都以信託方式運作。

若信託為社區所有，並提供服務與交易方式，如，管理社區資產、修葺建築、改善環境等，來活化社區，即為發展信託（development trusts）。此種信託並無標準的法律形式，多數註冊為責任有限公司，少數登記為工商互助社，登錄為慈善組織的也不在少數。

幫助年輕、老年、疾病、殘疾、經濟困難或其他弱勢群體；促進動物福利；促進皇家軍隊、警察、消防隊、救援服務或救護服務的效率提高等等，都說明了英國慈善公益團體從事公益範疇的廣度。許多社會企業以慈善組織的方式運作，但，未必自認為是社會企業，不管是否為社會企業，也一樣得從目標與活動的本質來判定。

慈善組織的收入除了來自於募款、捐贈、補助以及合法投資之外，也可以進行商業活動來強化慈善的目的，如舉辦課程、販售相關藝術教育產品、舉辦藝術展覽、提供住宿、售票等。慈善組織雖不能直接營運與慈善目的無關的商業活動，但可以透過附屬的營利事業單位，以免稅的方式轉贈慈善組織。在英國，愈來愈多的慈善組織為了募款而成立附屬營利事業。

慈善組織因經營商業活動所得之獲利無法進行分配，必須再投入組織所設定的慈善目的中，董事為無給職，亦不能為慈善組織所雇用，除非組織章程中有明文規定。若章程沒有規定，則必須尋求慈善委員會或是英國最高法院授權同意。

如果慈善組織擁有較多員工、較高收入與資產，可以採取慈善法人組織（Charitable Incorporated Organization,CIO）或是公司結構。慈善法人組織之所以存在，是為了讓慈善組織擁有登記為公司法人的好處，卻無須負擔公

以信託方式運作的 UnLtd 是英國資助、輔導、陪伴社會創業者的重要組織。（攝影／黃佳琦）

司型態組織的法定要求，以方便中小型慈善組織更有效率的營運。因此，2011 年通過的慈善法案規定，只要向慈善委員會登記為慈善法人組織，無需向公司註冊處（Company House）登記，就可以取得法人資格。對外可以使用法人名義進行借貸與契約行為，代表人對慈善法人的債務承擔負有限責任。

如此一來，慈善組織登記為慈善法人組織，遠比成立社區利益公司來的迅速、便利，也可進行更彈性的管理。取得慈善法人組織至少有下列的優點：

1. 會計帳上的要求遠比公司法人來得簡單。因為，政策上鼓勵取得慈善法人組織的對象，是中小型的慈善組織。

2. 製作年度報告義務遠比慈善公司來得簡單。慈善公司要製作兩份，各呈交一份給慈善委員會與公司註冊處。

3. 更簡單的章程以及一般報告義務。

慈善法人組織由慈善董事會管理，成員至少一人以上，根據組織章程執行深化慈善目的的業務。成立時，雖未必在捐助章程上規定任務結束時，應負擔多少資產，通常會規定董事必須為一定數額之捐贈。

社會互助，共同持有的合作社型態

英國雖然是現代合作社的先驅國家，卻沒有單獨的合作社法，而是將合作社當成一種互助合作、共同承擔風險、分享利潤的組織類型（mutual ownership models）來看。只要滿足「國際合作社聯盟（International Cooperative Alliance，ICA）」所界定的 7 大原則：1. 自願與公開的社員制度；2. 民主的社員管理；3. 社員的經濟參與；4. 自治與自立；5. 教育、訓練與資訊；6. 合作社間互相合作；7. 關懷社區和環境。英國政府都確認為是由社員互助，共同所有的模式（mutual ownership model）。

此一社會互助，共同所有模式是英國合作社的基本特質，從所有權的角度來強調，合作社的所有權是由直接或間接涉及業務營運，不管是受雇者、供應商、社區或是所服務的消費者等所有社員擁有。而，此一基本特質可以反應在不同類型的法律組織上，常見的有工商互助社（Industrial and Provident Societies，IPS）與有限公司二種類型：

1. 工商互助社：依據工商互助社法（Industrial and Provident Societies Acts, 1965-2000）成立。可以分為兩種型態：一是不僅限於會員，而讓利於整個社區的社區利益合作社（community benefit society，或稱為BenCom）。其次是，為會員謀福利的消費、農業與供給住宅的合作社（bona fide cooperative）。工商互助社必須向英國金融監理局（Financial Services Authority）登記，並接受其管轄。就跟公司一樣，不是所有的工商互助社都能符合社會企業的標準。

2. 有限公司：如果是採取有限公司型態，而且員工持有 50% 以上的所有權，就會被稱為是「員工擁有（employee-owned）」的公司。其中又可分為員工直接擁有超過 50% 的股份的「直接擁有」；以及透過員工集體信託擁有的「間接擁有」。這兩種類型也可以混用。

若員工擁有 50% 以下的所有權，就是「共同擁有（co-owned）」的公司。

英國許多大型的上市公司基於稅法上的優惠，都採取讓員工持有公司股份的計畫。

有限責任公司型態更能適應市場競爭

社區利益公司、責任有限公司、股份有限公司、工商合作社是英國社會企業法律體系內最常見的型態。公司型態的社會企業因為具有獨立的法人人格、有限責任、清楚的產權結構，不僅讓企業家得以進行風險投資、投資人能夠集資投入缺乏資金的發明等，更因營運資訊揭露因素，較能獲得投資大眾的信任。

若是組織規模增大、雇用員工數多、持有相當資產，採取有限責任公司型態來營運，更能適應瞬息萬變的市場競爭。

有限責任公司（Limited Liability Company）賦予公司組織成員有限責任能力。若要成為社會企業，在公司章程中必須載明所欲達成的社會與環境目標，如：區域再生、提供弱勢族群就業、技能訓練等。若此一型態的社會企業，又登記為慈善組織，就必須符合慈善法所規定的項目。

有限責任公司分為由一人以上獨立出資組成的責任有限公司（limited by guarantee，CLG），以及至少兩人以上股東出資所組成之股份有限（limited by shared，CLS）兩種。兩者主要差別在於前者的成員在面臨公司解散時，無法參與分配剩餘資產與股利。責任有限公司透過一人一票的治理設計，讓成員得以參與公司管理的特性，不只成為慈善組織、同業公會（trade association）、非營利組織等最愛使用的制度形式，也更接近社會企業的理想類型。

在有限責任公司中，股東想要轉而追求社會使命，或是變更為社會企業，必須召開股東會議變更章程，向主管機關申請組織變更。日後股東認為已經達成社會使命，也可以變更回一般公司追求獲利的樣態。但是，若是由慈善組織所成立之附屬子公司、或股份為其他社會企業所持有，就無法變更為營利樣態的公司。

股份有限公司是所有事業最普遍的組織形式，而對於某些社會企業來說（如，由員工擁有，或者是其他社會企業的附屬子公司），股份有限公司的股份持有模式也具相當吸引力。比起責任有限公司，股份有限公司雖無法保證一人一票的精神，但是，還是可以變更為社會企業公司，只要在章程中說明社會使命與利潤分配方式即可。

為社會企業量身訂做的社區利益公司

社區利益公司（CIC）是英國政府在 2004 年修改公司法時，專為公司形態的社會企業量身打造，並在 2005 年所訂的社區利益公司規則（Community

帶動社會創業人交流的社群空間 Impact Hub 是以社區利益公司型態設立。（黃佳琦／攝影）

Interest Company Regulations）所規範。在有限責任公司型態的基準下，社區利益公司與責任／股份有限公司的差別在於，社區利益公司依法必須在章程中陳明，所欲從事之社會目標、並且有著資產鎖定（asset lock）、股利分配上限以及償付利率等限制事項。

社區利益公司可以是新設公司，成立時並無資本下限的規定，也可以由既有的公司變更而來。不管是哪一種方式，都必須提交所欲實現的社區利益陳述

（statement），並由獨立的社區利益公司管制官決定是否通過社區利益測試（community interest test），方能取得成立社區利益公司的資格。從成立到營運過程中，管制官都給予協助、指導與監督。在陳述社區利益是什麼時，並不是指每一項活動，都必須直接對某一社區或某一群體有利，而是從整體上來看待組織所成就的社區利益是甚麼。因此，如何衡量究竟達成何種社會影響力是否達成社會、環境與經濟等三重價值，成為判斷社會企業營運模式的重要指標。社區利益公司必需每年出版年度報告，來說明公司預定實現的社區利益。此外，如何運用營運所獲得之盈餘，也必須在利益陳述中白紙黑字的說明清楚。

在英國，採行社會企業並未享有稅法上的優惠，跟一般公司一樣，均須繳交公司稅。

社區利益公司無法擁有慈善組織資格，而慈善組織卻可以設立社區利益公司為附屬子公司。這意味社區利益公司無法獲得如慈善組織般在稅法上的優惠，也無須如慈善組織般有著嚴格報告的義務。社區利益公司也可以變更為慈善組織，或是社區型的工商互助社，一旦成立後，就無法變更為一般的有限責任公司。

在資產鎖定的原則方面，並非不能運用公司資產於商業交易活動中，而是避免以低於市場的價格來處理公司資產。社區利益公司可以發行信用債券與借款，與股利分配上限、減資、以及資產分配等行為，均需符合社區利益公司管制官所設立的標準。公司董事可以領取報酬，在資產鎖定與社區利益測試原則下，確保公司資產必須合理與透明的運用在社區公益上。

相較於一般公司，社區利益公司的資產鎖定原則，保護了公司資產免於被經理人低價處分，並保證公司體現社區利益的基本能力。社區利益公司的合理營運，更能符合大眾期望，取得公眾責信。公司董事報酬與公司資產的營運，可以在管制官的監督下，避免名為行使職權，實為利益輸送之問題。

相較於慈善組織，社區利益公司沒有董事，與董事會的控制，在較少的行政管制下，擁有較彈性的活動能力。然而，社區利益公司並未享有稅法上的優惠，或其他相關的好處，對慈善組織而言，這也是較不吸引人的組織型態。

英倫社企小記事

社區利益公司股利與利潤分配的雙重限定

之所以立法創立社區利益公司型態，是考慮既有慈善組織的慈善輸送模式，難以提供充分的薪資空間，吸引人才入行。若想吸引社會創業家投入經營，勢必要更有效率的控制組織，方能使營收模式運作順暢。而既有的公司型態，因為不具慈善地位，且以股東利益為最大考量，所以在從事社會公益事務時，社會大眾很難保證，公司據此所獲得的資產能夠用於公益，因而需要能彈性經營、營運透明、定義明確而且易於辨識的公司型態。

社區利益公司分成股份有限（limited by shares，CLS）與責任有限（limited by guarantee，CLG）兩類。就跟正常的公司一樣，可以接受資助（grants）、借貸、贈與。借貸的利率不能過高，最高上限是英格蘭銀行基本利率加 4%。股份有限的社區利益公司還可以進行股票融資；股利股息的分配有上限，不得超過 20%。利潤分配也不得超過整體盈餘的 35%。社區利益公司並沒有任何賦稅上的優惠，它就是在市場上競爭的公司，也不具有慈善組織的身分。

面對社區利益公司這種股利與利潤分配雙重限定的狀況，在 2012 年 11 月時，社區利益公司管制官曾召開諮詢會議，公開詢問是否要提高個人股息的分配，或是整體社區利益公司利潤分配給員工、專業投資人、社區投資者，以及社區利益公司創辦者的上限提高到。目前，英國政府統整各方意見後，歸納出：利潤分配仍以 35% 為上限，但是將借貸利率上限提高到 10%。

輔導多於管理的 CIC 管制官

英國在修改公司法新增了社區利益公司（CIC）型態後，同時也增設了社區利益公司管制官（The Regulator of Community Interest Companies）這個獨立機構。不過，這是什麼樣的單位，我們一開始也不清楚，在國內的時候，只是猜測社區利益公司既然名為公司，那英國的經濟部門應該就是主管機關了。於是安排行程去拜會工商、創新與技能發展部（Department for Business, Innovation and Skills，BIS）。

在到倫敦參訪之前，大家以為這是社會企業的主管機關，應該可以問出一大堆有關社會企業的事情，尤其是關於社區利益公司。在社會企業政策發展初期，BIS 的前身工商貿易部（DTI）設立的社會企業小組負責跨經濟和協調政策決定。光看部會的名稱由商業、創新與技術結合，似乎是一種多功能混合體。但是否事實如此，也只有到了現場才知道。

主導行政展現創新思維的 BIS

我們依約定時間到達 BIS。建築外觀亮眼，彷彿是為了突破傳統上對於既定事務、法制框架的思考限制，標示著知識創新時代的風格。相較於位於唐寧街首相官邸附近、希臘羅馬圓柱造型沉穩的政府單位，BIS 多了點靈動的設計感。BIS 不只是外觀新穎，內部開會空間也現代感十足，環型白板、圓桌，讓創新先從打破開會空間的馬蹄桌型開始。會議空間的解放一啟動，變成了動腦空間，其他的空間就自然而然的開始出現不同的變化形態。

為什麼 BIS 先從空間來改變思維？

原因應該只有一個，政府再不帶頭做，就會趕不上來自民間與市場的活力列車，被社會需求遠拋在後。舊的政府組織作業系統與制度思維，已經很難驅動新世代日新又新的作業需求，若本身不先改革，又怎能說服民眾，政府要以社會創新來帶領國家面對全球化的國際競爭？

但是，經過實際的訪問發現，BIS 並不是社會企業的主管機關，在英國社會企業有不同的組織型態，各型態的組織都各有主管機關，而 BIS 主管一般公司的登記、變更、解散與消滅。但是，社區利益公司因為是新型態的公司，雖是公司，在向公司註冊處登記後，就將公司資訊移轉到社區利益公司管制官辦公室。

工商、創新與技能發展部（BIS）辦公室外觀現代新穎。

BIS 下轄 49 個分署與公共機構，最重要的任務就是負責英國的經濟成長。因此，投資與貿易是 BIS 的當然業務，公司登記、破產、清算與解散等自不在話下。小到度量衡，大到贊助太空計畫，BIS 都參與其中。BIS 的業務也包含消費者保護、公平交易、降低政府管制的衝擊。簡單說，如何在管制與自由經濟間取得平衡，應該就是 BIS 最重要的課題。

在 2013 年的年度報告中，BIS 的組織家族分成五大類：知識與創新、技能、企業、貿易、市場。從此一分事的方式，可以見到，BIS 認為經濟成長之道在於，投資高等教育、研發等事務，到職能技巧訓練、學徒計畫、開創事業，促進貿易，啟動創新，乃至於以更有效率的法規管制，開放市場，擴大經營規模，形成從勞動職能開始，將創新、研發揉合進市場經濟的競爭架構中，以支持英國經濟成長的行政迴圈。

在 2013 年的業務中，有一項是配合卡麥隆首相的「向紅帶挑戰」政策，終結「等因奉此」的官僚行政文化（the culture of ‘tick-box' regulation）。取而代之的是，主動標定出高風險組織，以合作管制與增進專業標準的方式，來進行檢查，以幫助組織進行變革，發展核心競爭力。光看這一項，就知道 BIS 對於政府行政效率的敏感，重視行政效能以降低對經濟表現的干擾影響。

不過，參訪當時，大夥並沒做好準備，也許是我們提問不夠切合重點，反而治絲益棼。出了大門，走到創建於西元 960 年，1987 年被列為世界文化遺產的西敏寺（Westminster Abbey）前，大家分路逛街，各自返回旅館。

雖然沒有得到預想中的答案，這一次遠路迢迢的來到倫敦，並不需要帶著遺憾離去。我想起《世說新語》任誕篇的「乘興而行，興盡而返」。

王羲之一門都是書法家，黃伯思在《東觀徐論》中如此描述他兒子王徽之（子猷）的書法：凝之得其韻，操之得其體，徽之得其勢，煥之得其貌，獻之得其源。《世說新語》上散見幾則王徽之言行，《王子猷雪夜訪戴》寫道：有天「夜大雪，眠覺，開室，命酌酒。四望皎然，因起仿徨，詠左思〈招隱詩〉。

忽憶戴安道，時戴在剡，即便夜乘小船就之。經宿方至，造門不前而返。人問其故，王曰：「吾本乘興而行，興盡而返，何必見戴？」

是啊！我已乘興而來，興盡就返，有沒有找到答案，並無影響！不亦快哉！

社區利益公司採登記審核制，以「從輕原則」審查、輔導

訪英期間，對「社區利益公司管制官」的問題，在時間上也不允許逐一查清楚，只好帶著想像回家。回到台灣，開始蒐集資料後，整個管理社區利益公司的相關圖像才變得完整起來。

社區利益公司管制官是法定職位，負責督導社區利益公司。既是公司登記處（Company House）的一環，也是BIS所屬機關。由內閣大臣（Secretary of State）所任命，通過公職人員任命委員會（the Office of the Commissioner for Public Appointments）所監督的公開甄選程序而產生。在2013/2014的年度報告中，社區利益公司已經超過9,000家，今年（2015年）社區利益公司管制官設立十周年時，預計將有10,000家登錄。

社區利益公司管制官辦公室的人事相當精簡，管制官之下配置有一名辦公室經理，其下有四名專案經理（case manager），總共有三名全職，四名兼職員工。2013年度（2013年4月到2014年4月之間），整個辦公室的運作費用為28萬5千英鎊。

社區利益公司管制官辦公室是一個獨立單位，用來審核CIC能否設立的資格。英國政府要求，管制官不是用高高在上的官僚態度，而是以「從輕原則（light touch regulation）」來審查一家社區利益公司是否符合資格。從輕原則是相對於慈善委員會（Charity Commission）審核監督慈善組織時，所採取較嚴格的「從重原則（heavy regulation of charities）」而言。整個審查角度是從輔導、協助、預防的立場，來整體觀察一個社區利益公司的長期活動。

社區利益公司管制官所關注的重點是，社區利益公司是否創造了所宣稱的公

眾利益，以及是否建立品牌信任度，因為，通常社區利益公司所吸引的是非傳統的慈善捐助者，如商業與銀行界的人士等，投入社會公益事業。為了確保登記立案的社區利益公司，有基本的品牌信任，社區利益公司管制官還被賦予調查與強制的權力，在社區利益公司的營運方向，偏離其社會企業的初衷時能夠介入調整。若對管制官的決定不滿意，也可以向上訴官（Appeals Officers）申訴。

社區利益公司就跟其他種類的公司一樣，必須向 BIS 所屬的公司註冊處登記。登記後，公司註冊處就轉給社區利益公司管制官審核，申請公司希望達成的社區利益（benefits of community）究竟指的是甚麼、以何種方式達成。這就是「社區利益測試（Community Interest Test）」。社區利益公司的申請者必須說明，所指的社區範圍與利益，不能只是為旗下員工，以及所屬成員的利益，而應有比此更寬廣的社區人口或是特定群體。通過此一審核，離社區利益公司的成立就不遠了。

通過審核後，社區利益公司管制官會再轉回給公司註冊處，正式成立公司組織。

一旦審核通過，社區利益公司必須在公司的名稱之後，加上「Community Interest Company」或是「c.i.c.」，以資分辨。此外，社區利益公司本身不能涉及政治活動，當然也不能是政黨、壓力團體，或是由政黨、壓力團體所控制。如果有疑義，可以跟管制官討論該如何處理。但，這並不表示，不能跟政治人物合作進行社區公益事務。

管制官年度報告呈現社企寫實面貌

2013 年度的社區利益公司管制官報告顯示，這一年間共有 2,715 件「社區利益公司」申請案，比上一年度增加 17%，其中 2,494 案獲得通過，比起去年提高了 21%，數量成長可觀。但是，這一年也有 976 家社區利益公司解散。管制官報告分析其原因認為，社區利益公司就跟一般中小企業一樣，也會受到經濟衰退影響。一般而言，中小企業在創立後 18 個月內有 50% 到 70% 的失敗率，而社區利益公司前兩年解散的比率為48%，但其中有70%是營運處於靜止狀態，且未送法定文件而被公司註冊處取消登錄，只有不到4%是因經營不佳被強制解散，進入清算程序。大部分在成立後三年內解散的社區利益公司，其主要解散原因是資金不足、未有營收以及不良的公司治理。數據顯示只有36%的社區利益公司有接觸財務資金的管道。

社區利益公司管制官報告中也不諱言指出，因為社區利益公司數量增加了，所以抱怨也增多了。而這些抱怨多半是溝通問題。社區利益公司管制官辦公室經常見到下列紛爭：董監事不合、員工口角、發票未付、顧客抱怨、資產未鎖定、社區利益公司未利益迴避等。管制官對於這些情況的處理，則是依影響公眾利益的情節輕重程度，採取比例原則，施以不同的措施。也因為是採取從輕原則之故，所以盡量以菩薩心腸待之，不得已才行霹靂手段，如任命經理人、撤換董事或是關閉公司等。但是，有時社區利益公司所違反的情事，涉及不同主管機關，因此，一旦有違反相關法令者，就分別移送給各主管機關處理，例如違反公司法者，就移送給公司註冊處，或是破產宣告（Insolvency Service）的公司調查處（Companies Investigation Branch，CIB）。若是與工作有關的爭端，則送司法部（Ministry of Justice）。

打造政府社企體質的「向紅帶挑戰」

「向紅帶挑戰（Red Tape Challenge）」政策中，紅帶所指的意義是源自於17世紀英國，用來綑綁一束束官方文件的紅色窄帶，如果要研究過去案件，必須將相關成綑案件取出拆開後，才能閱讀或審理。在不斷的鬆結打結之間，往往耽誤時間，招來抱怨。久而久之，就被衍伸成為與官方打交道時，遇到的官樣文章陳述、曠日廢時的拖延、一次走不完的程序、繁冗瑣碎的政府行政管制與流程所造成的障礙。

接受挑戰，法規全面改革

英國首相卡麥隆治下的政府，藉著「向紅帶挑戰」政策來檢視現行還有在積極運作的21,000條規章，刪除冗長、多餘的行政法規，宛如甩除肥胖負擔的贅肉，讓行政效率加快，以因應全球化與社會變遷快速的競爭壓力。

法治固然是民主國家的礎石之一，但法規也同樣是官僚主義發發虎威的憑藉，要向虎口拔牙談何容易。所以，「向紅帶挑戰」架設網站，在2011年4月到2013年4月之間，鼓勵身歷紅帶經驗的民眾參與抱怨，並將改革聚焦於法規內容。被投訴的相關部門會有3個月的時間來評量哪些規定需要保留、原因是甚麼。若是主張保留，相關部門必須援引好的「案例」，來支持該法規值得保留。

在網站上有詳細的FAQ與決策地圖，說明整個流程究竟如何運作。當然，「向紅帶挑戰」也不是以無限上綱的標準，去檢討所有法規，稅法與國家安全的法規就被排除在外。後者的存而不論自不待言，前者則由「精簡稅務辦公室（the Office of Tax Simplification，OTS）」，負責精簡賦稅。

內閣辦公室實行「向紅帶挑戰」時向人民保證，贅法一定會被剔除，但同時也提醒，有時候法規本身並沒問題，問題出在執法上。如果有執法標準不一致、不周延而導致上述的問題，同樣也需要改進。這方面，可到到BIS的「Focus on Enforcement」網站（http://discuss.bis.gov.uk/focusonenforcement/）獲取相關資訊。由BIS負責的原因只有一個，就是減少無謂的法規管制所增加的交易成本，正是以促進經濟為主要任務的BIS的業務範疇。與「向紅帶挑戰」不同的是，執法的問題需要聽大家的建議來改進，而不是直接廢除。這項行動在2013年暑假期間進行徵詢，同年秋天出版結果報告。

英國政府行政改革速度很快。再回頭看看本國的行政部門拖泥帶水，因人設事的組織改造，老是站在社會改革浪潮尾末的角落，如何看到國際競爭的快速與視野？

社會行動中心開放民間參與公共服務

內閣辦公室成立的社會行動中心（The Centre for Social Action in Cabinet Office），一看單位名稱就心領神會，是大社會政策的延伸。為了鼓勵各種社會行動創造社會變遷，中心必須與其他政府部門、地方政府以及政策決策者緊密共事，找出以社會行動、創新方法來解決社會問題的方式。

內閣辦公室很清楚，光是靠政府的力量並不夠，長期的政府失靈，導致人民不相信政府有突破官僚體制的能力與決心，因此，需要與民間部門緊密合作。所以也選定了英國有名的創新組織Nesta為合作對象，來進行市民社會的創新輔導與評估。

Nesta是因1998年的「全國樂透法案（National Lottery Act）」而成立的公益慈善組織（England and Wales with charity no. 1144091）。成立的目的在於鬆綁法令限制，推動科學、科技與藝術的創新，透過創新點子來幫助個人與組織，方法就是透過提供投資、動員研究能量、社會網絡與職業技能的方式，與創新者、社區組織、教育者、投資家，形成緊密的夥伴關係。

社會行動中心在 2013 年 4 月設立了 1,400 萬英鎊的「創新基金（Innovation Fund）」，委由 Nesta 管理營運。資金首波先開放給慈善機構、社會企業、公共服務與營利組織申請，針對 4 大領域：安老（ageing well）、健康（longer-term health）、青年與自願服務效能（young people and impact volunteering）等進行提案，運用公民參與的形式來強化公共服務的效益。Nesta 會提供 2 年 5 萬到 50 萬英鎊的獎勵金贊助，方案的內容必須是以社會行動參與公共服務的方式，達到永續經營效益。

Nesta 公共服務實驗室的執行主任菲力普．柯林根（Philip Colligan）表示，透過創新基金，他們嘗試找出最具創新的點子，來處理安養終老，幫助青年就業，這兩個英國目前最棘手的問題，來讓更多人受益。

建立驗證社會投資效能機制

社會行動中心並不是散財童子，也不想當冤大頭，因此，需要明確的證據，來校正政策與執行方案的內容與設計，尤其是社會效能投資（impacts investment）正夯的時候，更需要影響力評估，以免只見投資而不見效能。

在一般的投資概念裡， 任何一種投資都是有風險，正是因為有損失的可能性，若沒有衡量風險，就無法準確的計算投資的收益與損失。談到社會效益時，也不能不談何時評估，評估甚麼以及如何評估的問題，甚至對於創新過程的各階段所面臨的問題，到底有沒有發生負面效應，也不能不視而不見。也因為社會投資要面對創新價值生成初期的高風險，不能只從財務的角度來看，更需要從效能的角度，以事證的基礎（evidence-based）來審視整體方案的決策、執行與風險。

為了呼應英國規模日漸擴的社會投資市場之需求，Nesta 在 2012 年 10 月出版了由露絲．帕提克（Ruth Puttick）和喬．勒德洛（Joe Ludlow）合著的《投資效能的事證標準（Standards of Evidence for Impact Investing）》，用一套新方法來檢視社會投資的效能。並根據這套的方法，產生了三個投資標準：

1. 投資於融合創新（inclusive innovations）：在產品與服務的設計、創新的過程中，必須考慮某些特定社群，如殘障人士、長者、更生人、邊緣兒童與青少年等的特殊需要，同時也要能夠適用於主流市場，在合理範圍內讓更多人得以容易使用或取得產品與服務，而毋須再經過特別調整。

2. 自由接觸（Accessibility）：在設定提供服務與產品的對象群體中，不能切割特定對象，排除其接觸使用服務與產品的機會。

3. 可以負擔（Affordability）：營運計畫包含使用者可以負擔的長期價格，與銷售策略，而不是讓價格與行銷通路，成為使用者接觸使用的障礙。

Nesta 所使用的這一套事證標準（The Standards of Evidence），源自於倫敦市政府用來評估有關青年的創新提案，所使用的評估標準——啟示計畫：兒童與青少年證據中心（Project Oracle: Children & Youth Evidence Hub）。可以想見，在政府財政捉襟見肘的今日，有效的評估是適當配置資源的最佳參考工具。

這套經由民間團體發展出來的評估指標，融合了學界與創新實務家的經驗，標舉開放檢驗的態度，讓各界引用。而社會行動中心這方面，當然不能沒有金主來撐腰，否則難免流於口水政策。所以，有下列基金來支持以社會行動來改變社會的政策主張：

1. 創新基金（Innovation Fund）：針對老年安養、健康促進以及青年就業等 3 個領域的創新提案，贊助金額在 5 萬到 50 萬英鎊。

2. 青年社會行動基金（The Youth Social Action Fund）：針對伯明罕（Birmingham）、米德斯堡（Middlesbrough）、蘭開夏（Lancashire）和肯特（Kent）等 4 個地區的青年問題提案。

3. 更生社會行動基金（Rehabilitation Social Action Fund）：來自司法部支持的基金，針對更生人進行追蹤改善計畫，透過社會行動的方式來降低再犯率，達到社會納入的效果。

英倫社企小記事

Nesta 社會效益評估所劃分的五個層級

1. 第一層級：能夠解釋所提供服務與產品，對使用者達成何種效益，而且效益比目前的狀態、處境還來得好。這些證據可以來自於組織自行蒐集的資料，以及其他來源的研究。

2. 第二層級：收集使用者使用產品與服務的資料，從中判定是否發生改變。此一階段的因果關係不明顯，因此，可以使用前後測定的評估方法、世代／小組研究（cohort/panel study）、定期訪視調查（regular interval surveying）等來對照、確認效益。

3. 第三層級：透過比較使用與未使用其產品或服務者之間的差別效益，來說明實實在在的社會效益。此一階段的方法很重要，可以用對照組與控制組的方式來證明。隨機抽樣的說服力很高，因此需要較大規模的使用群體以供抽樣。

4. 第四層級：可以藉由自行收集與觀察的資料，解釋產品與服務為何與如何產生社會效益。合理的產品與服務價格，意味著可以在許多區域複製與購買。此一階段需要獨立的評估方法，來檢驗與確認到底達成何種效益，包含商業標準與工業標章等。需要以書面記錄的標準程序與作業流程，也因此需要生產成本與定價的資料。

5. 第五層級：產品與服務可以由他人、在別處，以更大規模來操作，既不影響效益，也能維持財務的可行性。此時期需要多重複製評估（multiple replication evaluations）、未來情境分析（future scenario analysis）以及忠實度評估（fidelity evaluation）來檢定。

為了獲得社會行動中心的計畫贊助，提案除了必須以社會行動為主要成分，來驅動社會效益之外，還必須展現管理團隊有足夠的能力來維持組織財務，達到永續經營的目標、有可回溯追索的執行書面記錄、以及可行性高的計劃，來說明何以需要中長期資金的挹注。在所達成的社會效益方面，不管衡量量化成果或是強調質性深度的效果，至少要能呈現前述 Nesta 事證標準中第二級的水準——具有正面且確定的社會效益。

英國政府對於高齡以及貧富兩極化的社會融入危機，所做的政策回應與制度支持，並不是編列大量預算了事，而是思索如何積極、有效整合政府內部的事權與預算，運用政府的採購權鋪排政策方向，並且與民間組織形成夥伴關係，共同處理社會問題。

也許，新型態公民社會行動在台灣的時候到了！

社會投資市場在倫敦

當我們 2013 年 6 月 6 日在倫敦的時候，恰好碰上八大工業國舉辦社會影響投資論壇（Social Impact Investment Forum）。扮演東道主的卡麥隆首相藉著討論社會投資論題的機會，展示英國以財務金融的工具，解決複雜社會問題的成就。

在發表開幕演說時，他意氣風發，像是解說員一般，向八大工業國國家領袖，以及全球頂尖社會創投、創業家解說英國使用社會投資工具的潛力。卡麥隆首相說，過去，倫敦證券交易所讓倫敦成為私人財務的大本營，現在，倫敦也可以利用此一優勢，結合私人財務能量成為社會投資的根據地。社會投資市場的壯大成長，不只有助於公共服務改革的推行，更符合大社會政策中，將分配資源的權力從政府與官僚體制手中釋放出來，分給社區民眾當家作主的主張。

面對日漸蓬勃發展的社會效益事業，卡麥隆首相一再強調社會效益事業就是一項由英國發明，受到各國仿效的重要社會改革工具。他指出：「商業需要資金來成長、獲利。政府需要資金支應各項建設，這也是銀行、債券、投資市場存在的理由。而社會效益事業的觀念很簡單也很有力道。社會企業、慈善團體、自願服務者擁有知識、人情味，願意投入追求政府難以成功的事，但是，他們也需要資金奧援。儘管資金可以來自具有社會意識的投資人，但是，政府不會袖手旁觀。政府需要運用投資市場、社會投資債券、社會投資銀行等工具來協助社會事務。政府更要創新與積極的告訴社會創新家：如果你能解決問題，我們就給錢。（if you can solve the problem we'll give you money.）一旦政府承諾此事，社會創業家就可以向外募集資金。」

卡麥隆首相驕傲英國正引領風騷，英國不僅發明全球第一張社會效能債券，在英國的發行數量也比世界各國加總起來還多。不過，加拿大也在 2013 年 9 月成立自己的社會證券交易中心，稱為 Social Venture Connexion（SVX），成為英國的國際競爭對手。

政府創立的社會投資銀行：大社會銀行

我們在倫敦與大誌（The Big Issue）執行長奈吉爾 · 克蕭（Nigel Kershaw OBE）對談的時候，他屢屢提到英國的社會投資在民間豐沛而活躍，這個成果也來自於政府部門的強力支撐，許多慈善、社會效益的基金、背後都有官方基金挹注，甚至官方基金直接成為社會事業的投資者。這其中包含規模與效益最顯著的「大社會銀行」（Big Society Capital）和 ¬「大樂透基金」（the Big Lottery Fund）。

當時，我們的第一個反應是政府資金從何而來？若要從財務金融界或是銀行團去籌資，恐怕得費一番糖果與鞭子的政策功夫。回到台灣後，查找了許多文獻，才逐步的拼出大社會銀行的樣貌。

2012 年，英國設立了前所未見的批發型社會投資銀行：大社會銀行。銀行大部分資金來自英國各銀行內，超過 15 年未流動的靜止戶。2008 年工黨政府

造訪倫敦時，正值英國女王伊莉莎白二世登基六十周年。

• 英國社會企業政府行動關係圖

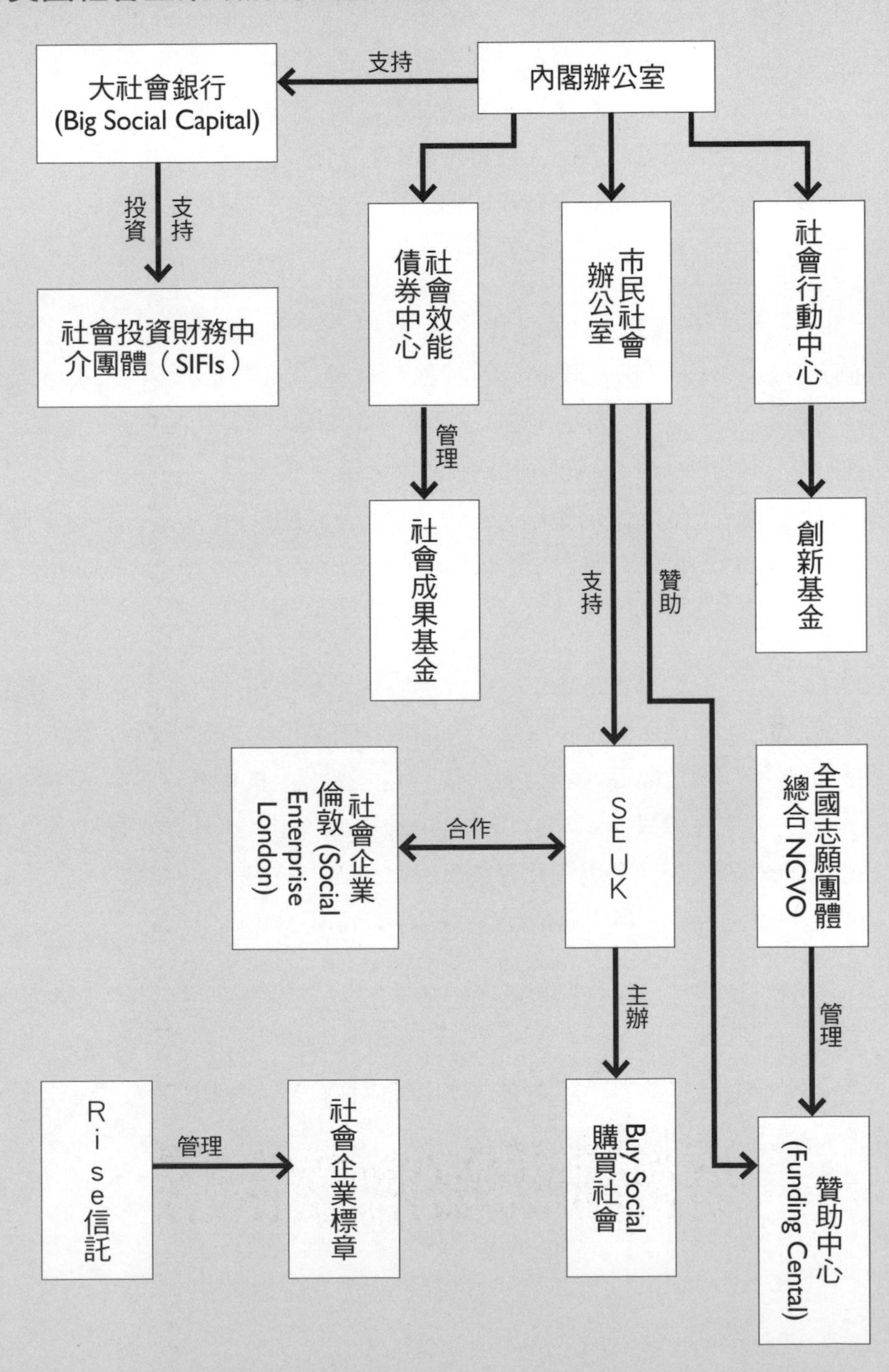

立法通過《銀行與互助組織靜止戶法案》（The Dormant Bank and Building Society Accounts Act），授權政府在不侵犯存款人權益的前提下，成立歸還基金（Reclaim Fund）以備存款戶索回之用，並得以動用銀行靜止戶內的款項，支應社區公益活動計畫。大社會銀行的成立資金中，有 4 億英鎊即來自於此，另有 2 億英鎊的資本來自英國四大銀行：巴克萊銀行、匯豐銀行、勞埃德銀行集團與蘇格蘭皇家銀行。

大社會銀行並不直接與個別社會企業往來，而是以提供中介團體（intermediary）的方式，讓中介團體執行社會投資的審核與放款。卡麥隆首相強調，「大社會銀行」的成立，對英國嚐試建構一個完整社會投資環境體系的重要性不言可喻。到目前為止，大社會銀行已經提供 5 千 6 百萬英鎊給 20 個不同的中介團體，並藉此支持了 23 個第一線的組織，創造 13 個新的社會投資中介團體（social investment financial intermediaries，SIFI's）。

大社會銀行為了幫助社會投資財務中介團體，以及相關社會部門組織，藉由衡量社會效益，而重新修正、規劃、評估與學習，避免贊助、投資者與政策部門，因受補助單位的簡報誤導而錯置資源。因此，與投資善事（Investing for Good）、新慈善基金（New Philanthropy Capital）、社會投資報酬網絡（SROI Network，現改為英國社會價值 Social Value UK）等團體共同發展了一項衡量社會效益的工具——成果矩陣（Outcome Matrix）。

在運用大社會成果矩陣時，首先根據組織的需求，選擇所要衡量的成果項目以及受益群組；其次要選擇衡量方式，一定要用量詞，如數目、數量、百分比、範圍、滿意或是品質等來衡量。選定後就以最適合組織的方式，開始蒐集資料。填完後，可以輸出成 EXCEL 檔，方便組織參考。在英國衡量社會效益最常見的指標是，受益群組接受服務的數量以及就業量，其次是，對於個人自身所處情境的理解、分析，以及解決生活上各種問題的能力的個人賦權的程度。

大社會銀行的成果矩陣只是衡量方式之一，許多單位也都開發出不同的衡量方式，如，在 2009 年到 2011 年接受蘇格蘭政府，以及社會投資報酬網絡，所發展出來的環球價值交換資料庫（Global Values Exchange），以及由 8 個非營利組織執行的啟發效益（Inspiring Impact）衡量計畫。若任何組織已經進行社會效益衡量，也無須換成大社會成果矩陣。對照不同衡量方式的指標，也有助於理解究竟達成何種社會效益。

大樂透基金的公益用途：投資、管理社會企業

英國將國家樂透彩的收益，投入社會相關事業，並非從大樂透基金開始。在 2000 年先投入千禧基金，用以協助社會轉型，是英國 1990 年代後期重要的

英倫社企小記事

成果矩陣衡量 9 大成果

在成果矩陣中，9 個成果區塊（outcome areas）由 9 項成果項目對照個人、社區或社會成果構成矩陣，並以確認 15 個受益群組（15 beneficiary groups）的受益狀況來填寫成果。9 項成果項目分別是：就業、訓練與教育（Employment, Training and Education）；居住與在地設施（Housing and Local Facilities）；收入與財務（Income and financial inclusion）；健康狀況（Physical health）；心理狀態與福利（Mental Health and Well-being）；家庭與社交關係（Family, Friends and Relationships）；市民與社區關係（Citizenship and Community）；藝術、傳統遺產、運動與信仰（Arts, Heritage, Sport and Faith）；自然環境保育（Conservation of the Natural Environment）。

15 個受益群組是：長期失業者、無家遊民、貧窮、藥酒毒癮者、長期健康不佳、危及生命疾病或終期病患（terminal illness）、學習障礙、精神障礙、身體或知覺障礙、志願照顧服務者、弱勢父母、弱勢兒童、弱勢青少年與尼特族（Not in Education, Employment, or Training，NEETs）、高齡與癡呆老人、更生人、受家暴或被害人等。

政府資源之一。千禧基金成立的次年，也就是2001年起，即不再接受樂透彩券收益的移撥，並於其階段性任務告一段落後，於2006年12月終止運作，相關業務移轉由大樂透基金繼續執行、管理。

大樂透基金主要來自於樂透彩的簽注金，其中50%提撥為樂透彩金，28%提撥發展慈善事業之用，12%由政府運用，其餘5%給彩券經營者，4.5%列做營運成本，0.5%為利潤。除此之外，大樂透基金同時也被指定為處理《銀行與互助組織靜止戶法案》授權動用的款項的組織之一。

與大社會銀行定位不同的是，大樂透基金直接面對關心社會效益的相關團體，主要支持改善社區生活，所重視的提案含括健康、教育與環保等面向。在2012到2013年之間，總共贊助了12,000個計畫，總金額高達6.7億英鎊。

透過社會投資活化的費納姆泳池

社會投資銀行的功用，不只在投資社會企業，更要健全社會投資環境，以吸引更多資金投入社會公益事業。這是用社會投資的概念，來看待社區發展的新方式。重點不是政府億來億去的補助，而是以投資的方式用來活化社區資產上。

卡麥隆首相在高峰會上提出費納姆泳池（Fenham Swimming pool）的例子來說明。費納姆泳池位於新堡（Newcastle），創立於1938年，2003年被市議會以預算不足為由，而決議關閉。社區居民、學校、健康服務支持者為了使泳池能經營下去，組成一個有責任公司並註冊為慈善組織，但是，高額維護成本又讓泳池走回到關閉的原點。最後，費納姆泳池得到「大社會銀行」與「大樂透基金」共8萬英鎊的貸款，在2005年重新開幕。除了降低營運成本外，也加裝太陽能板提供溫水游泳，形成可持續經營的社區資產。

其中 92% 的金額，贊助了小型的自願團體與社區組織。個別贊助金額從 300 到 10,000 英鎊不等，主要協助草根團體實現社區理念。

而大樂透基金的營運，不只在樂透彩金的運用，同時也幫助其他政府部門，如教育部、市民社會辦公室，代為處理非樂透基金的運用。

全球首見社會投資證券交易中心開張

除了像大社會銀行、大樂透基金這樣的社會投資銀行之外，英國也發展出第一張社會投資證券，甚至第一個社會投資市場。

倫敦證券交易所在 2013 年 6 月 6 日也宣布啟動世界上第一個「社會證券交易中心（Social Stock Exchange）」，首波公開列出市場規模達 5 億英鎊，12 個具有社會效益的企業。目前社會證券交易中心並不能進行股票交易，其功能是一個線上資訊平台，提供社會投資者充分的訊息來確認、比較組織所提供，具社會與環境價值的產品與服務。社會證券交換中心所進行的是社會效益事業（Social Impact Business，SIB）——運用商業模式來組織、動員、管理傳送社會與環境價值的營利事業。

社會證券交易中心的會員，限定為社會效益事業，必須確實對社會或環境產生效益，而且要由社會證券交易所團隊評估入會資格。評估的項目包含：（1）公司所欲達成的社會或環境目標。（2）公司經營的社會效益所嘉惠的對象。（3）公司用來促成社會效益的產品或服務內容。（4）公司與利害關係人的交涉互動的方式。（5）公司如何驗證所推動的社會效益。

社會證券交易所根據評估結果製作效益報告（Impact Report），送交由資深財務專家與社會效益專家組成的審核委員會。一旦通過審核成為會員，必須每年更新效益報告。若該公司不再採用社會效益事業的營運模式，就會被取消會員資格。

• 目前在社會證券交易中心登錄的 12 家社會效益事業公司

名稱	業務內容
ACCSYS Technologies	生產永續木製品
Ashley House	為提供健康與社會照顧服務的組織，提供從營建、設計、房地產專家與醫療專業人員整合式服務
Assura	為醫生與病患提供醫療照護建築
Golden Lano Housing	提供有學習障礙者與親人合住、或獨居的服務
Good Energy Group	發展再生能源、降低碳排放
Halosource	擁有潔淨水質科技
ITM Power	提升能源使用效率
Places for People	提供社會住宅租、售
Primary Healthcare Properties	提供現代化醫療建築
Scope	提供身心障者及其家庭支持服務
V22	提供青年藝術家文創場域
ValiRx	提供生物醫療科技

資訊透明、衡量嚴謹，讓社會投資環境更健全

為了有效的吸引社會投資，賦稅優惠固然是一項基本工具，但並不足以讓投資人甘冒投資風險，若能夠嚴謹的衡量社會投資所達成的社會價值，那投資就不只是獲得財務上的回報酬而已，更是成就一項社會價值。財務報酬與社會價值的攜手前進，正是架構社會投資環境的要義，以及掌控風險的必要程序。

內閣辦公室努力實現社會投資市場的願景與策略，為的是英國社會企業已達 180,000 家，締造 550 億英鎊的經濟產值。雖有許多組織仍依賴捐贈、補助款項，卻有愈來愈多社會投資家，提供適合社會創業家與社會企業的財務規劃，既可以讓所投資的金錢發揮解決社會問題的影響力，也提振了衰頹不振

的經濟。

英國走出的社會經濟路徑，讓社會企業融入中小企業的發展，遍地開花，既鞏固了社區經濟的基礎，也開啟了社會投資的空間，引領了未來世界社會投資的趨勢。各國紛紛向英國借鏡學習之際，反觀台灣，社會企業定義的文字叢林，怎能看見社會企業核心價值的聖杯？

用社會效能債券解決棘手的公共議題

在倫敦與大誌執行長奈吉爾談話時，奈吉爾曾經提到社會效能債券。當時，聽著聽著，也沒怎樣放在心上，只是覺得英國政府玩真的，連社會投資制度都設計出來，讓社會經濟的拼圖更完整。那時，只是想著，台灣有可能走到那一步嗎？

後來，慢慢的讀了一些英國內閣辦公室的報告，與民間團體的報導、分析，才覺得英國政府相當有系統、按步驟的在推動社會企業政策。不只民間與政府雙方的倡議先行，更逐步修改法律體制，讓分據非營利與營利兩端的人士與團體，可以依據不同的治理需求，運用不同的組織治理型態。此外，更賦予地方政府更多自主權，讓社會企業的不同類型組織，可以參與政府提供公共服務的採購。政府部門的角色應該算是淋漓盡致了。

可是，在政府主導之外，與英國一起成長、走過帝國擴張的市場機制概念，並沒有被束之高閣，或袖手旁觀。在社會經濟的領域內，也同樣必須從健全投資市場的角度，來促進資金流動，藉以擴大投資社會企業的規模與能量。

社會投資領先各國的債券制度思維

2012 年 11 月 30 日，內閣辦公室在與牛津大學共同主辦一場有關社會投資的研討會，邀請了來自超過 10 個國家的 70 名社會投資領域的重要人物，討論日漸興盛的公私部門間的夥伴關係、新的社會財務工具、以及政府的創新作為。這是各國政府代表，首次齊聚英國討論社會投資議題。

研討會後，牛津大學的薩伊德商業學院（Said Business School）與英國內閣辦公室在 2013 年 2 月 21 日發布一份名為《社會投資市場：公共政策在創新與執行上所扮演的角色（The Social Investment Market: The role of public policy in Innovation and Execution）》」的報告，對於英國在社會企業與社會投資相關政策上，獨領風騷的情況有著相當完整的闡述，其中引起各國廣泛討論的是獨特的「社會效能債券」制度。

社會效能債券的原始構想來自於托比．艾克斯（Toby Eccles），托比在 2007 年創立社會財務有限公司（Social Finance Ltd.），這是一家提供社會效益事業財務服務的公司。當時他向政府提出一個創新的構想，以財務工具來解決更生人再度犯罪的問題。

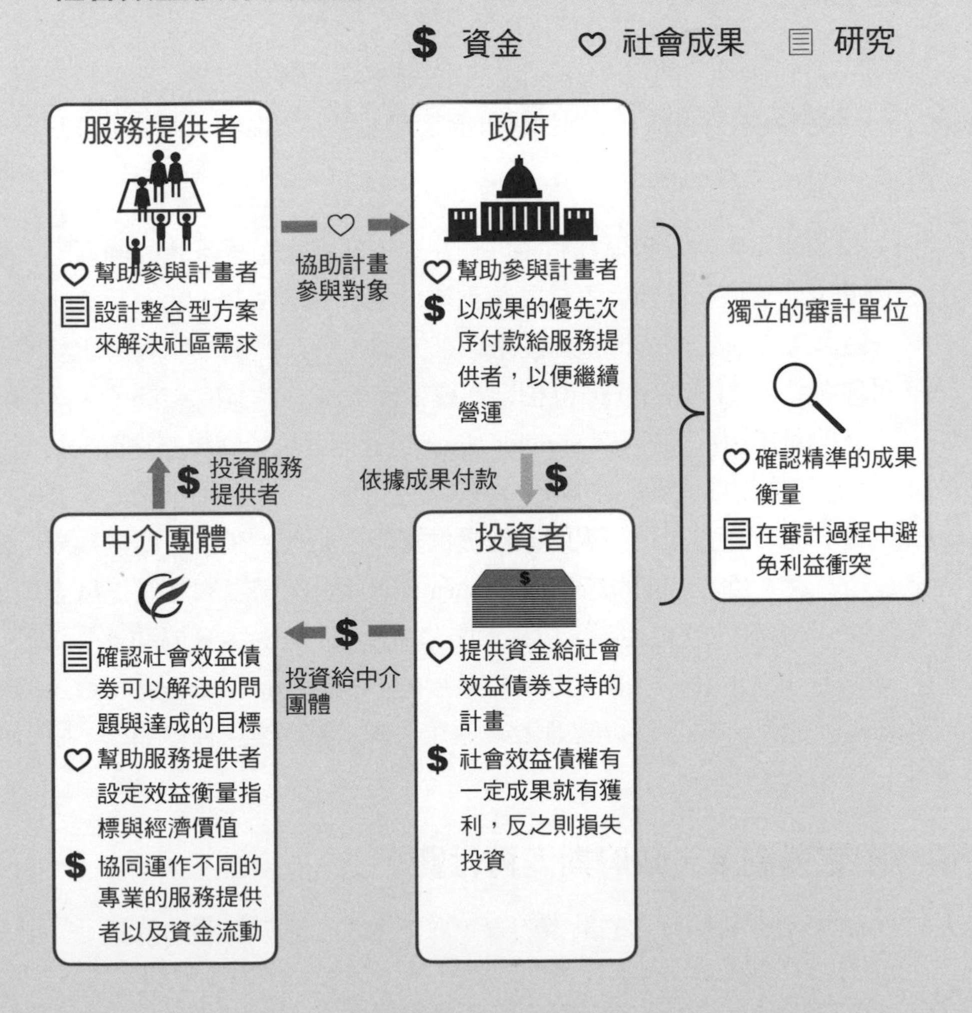

托比發現，在英國每年有 4 萬 2,000 名刑期短於一年的更生人，光是監獄矯治收容的成本，每年就花費國家 213 億英鎊，但是，出獄後一年內再犯率為 63%，兩年內再犯率更高達 73%，顯示並未成功融入社會而重回本行。政府投入大量資源介入輔導，卻沒有達到預期效益，顯然政府資源的使用效益值得商榷：一方面，如果預防性政策效益不如預期，會影響政府為了可見的績效，捨預防而傾向將資源投入矯正性政策。

但是，矯正政策若只是例行工作，則顯然對於犯罪再犯率的降低沒有幫助，矯治效益更加不彰、形成資源繼續虛擲的惡性循環。而且，不管政策效果如何，政府都得支付大筆的費用。

這樣的問題在政府部門並不少見，但一項社會問題的解決方案往往跨越數個部門，因管轄界線被切割，不僅預算不能整合，更無法提供一個整全且有效的解決方案。

為了改善這個問題， 社會財務有限公司在司法部與大樂透基金的同意下，在 2010 年 9 月首度發行社會效能債券，向 17 名投資者募集 5 百萬英鎊，並成立一站到底（One Service）社區組織來協調、統合提供不同專業服務的非營利善組織，共同執行「彼得柏勒社會效能債券」計畫的業務分工，例如，以犯罪預防為使命的組織 St Giles Trust 從受刑者坐監到釋放當天，乃至於進入社區，全程提供支持性服務。以提高兒童與青少年生活價值為宗旨的 Ormiston Trust，則針對更生人的家庭提供支持性服務。在英格蘭與威爾斯的地方社區深入預防犯罪的慈善組織 Sova，則針對出獄後的狀況提供志願服務職位，協助融入社區生活。以社會服務為核心的 YMCA、協助身心受限者的 MIND、以及協助個人職能訓練與發展的 John Laing Training 有限公司等組織，則提供不同面向的專業服務，運用不同組織專業與社會網絡，協助更生人重返社會。

債券限定獲利率，政府期滿再付費

經由 One Service 組織統合的計畫內容，從更生人在獄中就開始啟動，從出獄當天的安排，到重建生活所可能面臨的就業、健康、財務規畫，乃至於對其個人與家庭的支持等等，都包含在內。One Service 組織的計畫目的，就是斷開更生人舊有的人際關係，建立新的人際網絡，因此，有必要藉由提供住宿、就業輔導、家庭支持、財務規劃以及醫療資源等生活需求相關服務，來找出再犯的根本原因，並從教育、職訓與信心培育方面，讓更生人更能融入社區生活。計畫對象則是 3,000 名在曾彼得伯勒監獄（HM Prison Peterborough），服一年以內刑期的 18 歲以上男性更生人，分成 3 個群組，分梯次執行。此一計畫為期 8 年，前 6 到 7 年為執行服務期間，第 8 年用來驗證社會效益。

如果 3 個群組中，有任一組群更生人出獄一年內的再犯率降低 10%，或是 3,000 位更生人的整體再犯率下降 7.5%，司法部與大樂透基金將會撥付原先政府編列的矯治預算金額，給 One Service 組織的社會投資人，以支應 One Service 組織已花用的營運管理款項。如果所降低的再犯率遠超於預定門檻，投資者將收到最高相當於 13% 的內部報酬率（internal rate of return）作為

社企話題

社會效益顯著帶動全球仿效

英國以更生人為對象，透過財務投資工具與設計，來預防犯罪的社會效能債券上路後，立即引起各國廣泛注意。2011 年 9 月，加拿大政府、愛爾蘭與其國內的 NPO 開始探討此一英國案例，美國總統歐巴馬也在 2012 年提出 100 萬美元的預算案，來先導營運社會效能債券，麻薩諸塞州則在 2011 年 5 月正式發布資訊說明書，成為第一個有興趣發行社會效能債券的州。目前已有 8 個國家：澳洲、加拿大、法國、德國、愛爾蘭、以色列、南韓以及美國表示，將實施社會效能債券。英國現有 14 個以社會效能債券模式設計的計畫進行中，在美國有 5 個，澳洲有 2 個，荷蘭、加拿大、德國、比利時各有一個，這股風潮還在蔓延中，除此之外，包含韓國等其他國家也都有類似的計畫進行中。而計畫的對象，從更生人、青少年、受暴婦女……等不一而足。

• 社會效益債券示意圖

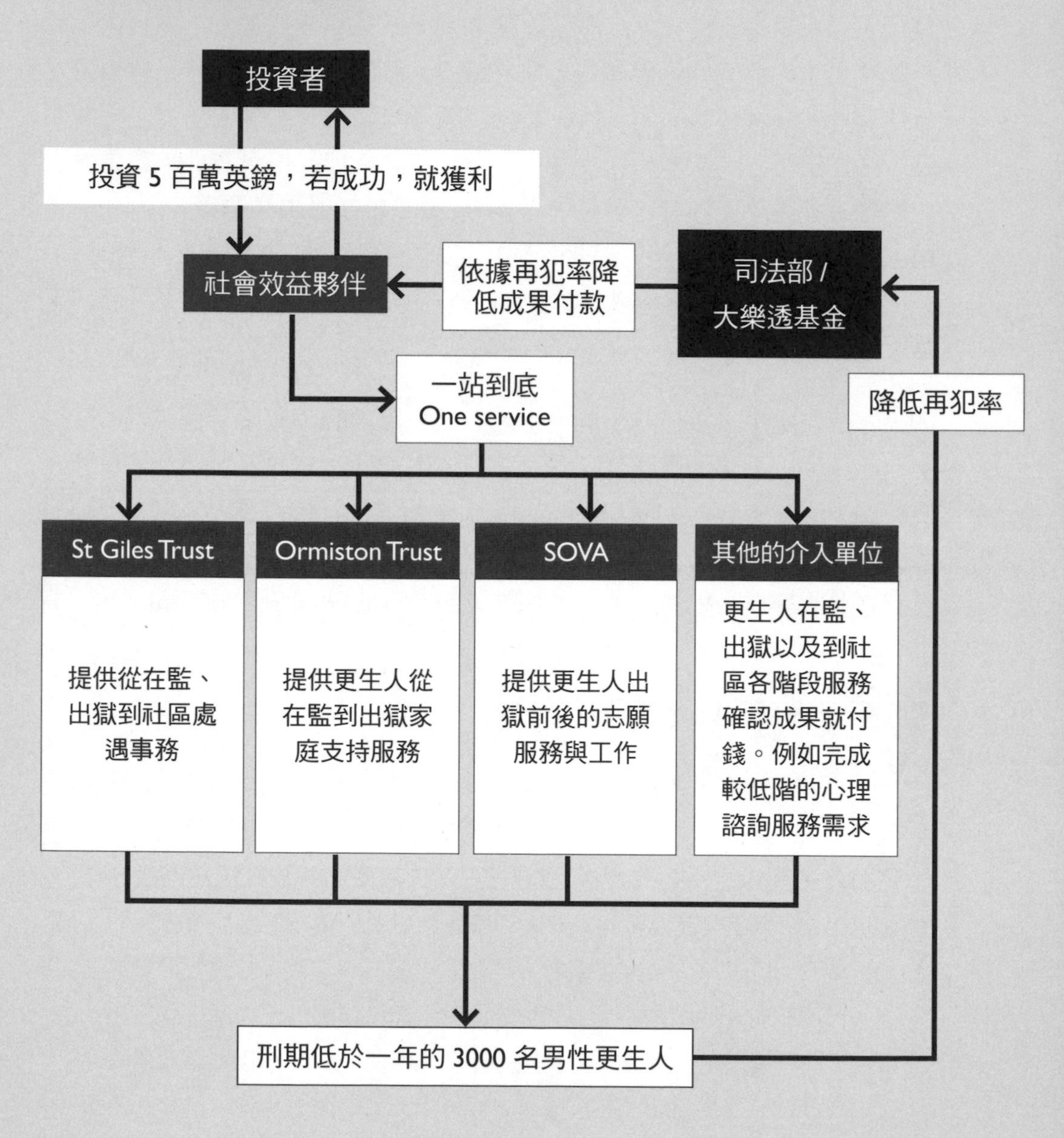

投資者
投資 5 百萬英鎊，若成功，就獲利
社會效益夥伴
依據再犯率降低成果付款
司法部 / 大樂透基金
一站到底 One service
降低再犯率
St Giles Trust
提供從在監、出獄到社區處遇事務
Ormiston Trust
提供更生人從在監到出獄家庭支持服務
SOVA
提供更生人出獄前後的志願服務與工作
其他的介入單位
更生人在監、出獄以及到社區各階段服務確認成果就付錢。例如完成較低階的心理諮詢服務需求
刑期低於一年的 3000 名男性更生人

社會投資紅利。依照社會財務有限公司與英國政府的契約，社會投資者平均年投資報酬率預期約為 7.5%，而司法部與大樂透基金在這項計畫中所支付的總額，含投資紅利最高不得超過 8 百萬英鎊。目前計畫運行支付金額約在 625 萬英鎊左右。

此計畫在 2014 年完成第 1 群組的結果與效益評估。2014 年 4 月司法部公布的資料顯示，2010 年 9 月 9 日到 2013 年 7 月 1 日間，第一群組中每 100 名更生人平均有 141 項罪行被定罪，與 2008 年 9 月到 2010 年 6 月底的 159 項罪行相比，減少了 11%。而同期的全國資料，則是不降反升，由 143 項到增加到 156 項。結果顯示社會效能債券的模式是有效的。

英倫社企小記事

轉型回復方案

以預防犯罪為矯治目標的「彼得伯勒的社會效能債券計畫」執行後，英國司法部決定在 2014 年底，不論受刑人刑期的長短，都以「轉型回復方案」（Transformation Rehabilitation Programme）來進行再犯率的防治，而形成社會效能債券計畫，與轉型回復方案雙軌並行的策略。司法部希望最終兩個方案能吸收合併，但並未強制，因此，One Service 未完的社會效能債券計畫會繼續期程，直到方案確定為止。

整個「轉型回復方案」涵蓋英格蘭與威爾斯，會同當地政府與警方，劃分不同方案執行區域，並邀請私人與志願團體參與競標。計畫將對境內所有罪犯，不分刑期與犯行輕重，從被監獄釋放的當天起，由得標的私人承包商針對執行計畫。

托比指出，司法部的新方案與彼得伯勒的社會效能債券計畫不同之處在於，後者服務對象是短刑期的更生人，而前者則是以英格蘭及威爾斯 225,000 名中、低風險的假釋犯為主。而且，司法部所選擇的契約服務對象多是志願服務團體，與 One Service 組合的多樣性有所不同。

民間團體成為公共服務生力軍

目前，英國內閣辦公室下設有「社會效能債券中心（Centre for Social Impact Bonds）」。透過社會效能債券，政府預先與私人投資者、服務提供者訂立社會服務契約，由社會投資者先行支付計畫營運的費用，之後，政府再依據所達成的社會效益，償還費用並給付報酬，如此就可以避免原先不管是否達成社會效益，政府都得支付經費的情況。不僅解決財源問題，依成果給付報酬，也可以提高執行效率。而民間團體加入政府提供公共服務的供應鏈，更可以擴大民間的參與。

在評估公共政策的效益上，英國政府認為與其著眼於投入（如醫療人力的多寡）或是產出（如醫療手術的次數），不如注重所欲達成的社會效益（如增進健康）。若能將這些社會效益界定出衡量效益之方法，就可以比較何種方式更節省經費、解決社會問題更有效。

藉由較長的計畫執行年限，計畫執行者可以較有彈性的空間，於實地執行後修正規畫內容，形成品質管制的迴圈，提升效益與品質。對一般的基金會或慈善組織而言，藉由社會效能債券的贊助，可以有更充裕金錢與空間來進行社會參與。

社會效能債券成了政府移轉財務風險，給私人社會投資者的一項解決方案，也成為由社會服務提供者、私人投資者與政府部門三方所組成的合作平台。

但是，社會效能債券並非嚴格意義下的債券。一般債券是一種債權債務憑證，未附條件、按一定利率支付利息，並按約定條件償還本金，可以公開自由買賣。社會效能債券的投資報酬率，卻是隨社會效益的目標是否達成而異，而且不能自由買賣流通，因此，風險遠比一般債券高，可能落得血本無歸的下場，為何還是有人願意投入此一社會投資的市場？

英國政府強調，無須從債券投資的角度去思考此一問題，而應從政府與外部組織間的契約關係來解讀「社會效能債券」。一項成功的社會效能債券計畫，可以嘉惠許多利害關係人，如NPO可以獲得組織營運成長的資金，投資者可以分散投資風險，獲得投資報酬，並達成社會影響的效益。對政府而言，既然都要花一筆錢來處理社會問題，透過「社會效能債券」的制度，可以降低預算花費，提供市民高效率的社會服務。就是讓市民接觸到更有效率的社會服務。

改良版的跨國債券隨之興起

正因為社會效能債券展現成果，近來更從社會效能債券的概念中再發展出具有國際合作性質的「發展效能債券（Development Impact Bond，DIB）」。「發展效能債券」是「社會效能債券」的改良版，同樣提供社會服務，只不過由服務國內轉成服務國外，尤其是發展中國家；例如，降低非洲烏干達嗤嗤蠅（Tsetsefly）引起的昏睡病（Trypanosomiasis，sleeping sickness）對人畜造成的影響；以及提高教育率、避免青少年懷孕、能源、貧窮等議題，都有發展效能債券計畫投入其中。

成效達成後，「社會效能債券」的付款者是本國政府，而「發展效能債券」則不僅僅是國際捐贈者，如基金會，也可能如英國的國際發展部（Department for International Development，DFID）、美國的國際發展署（Agency for International Development）等國家機構。

2014年，英國的國際發展部宣布將發行第一張「發展效能債券」，針對非洲的奈及利亞、莫三比克、肯亞地區，結合私人公司、政府、國際組織、以及市民社會組織共同合作，執行跨組織與國界的聯合發展計畫。由結合各領域學者的研究機構「全球發展中心（Center for Global Development）」與托比的社會財務公司召集財務專家、政府人員、公民社會代表、基金會等人員，組成工作小組。經費則由eBay的創辦人皮耶．歐米迪亞（Pierre M. Omidyar）所建立的歐米迪亞網絡（Omidyar Network）、洛克斐勒基金會贊助。

社會效能債券從 2010 年 9 月開始發行迄今的發展速度令人意外，現今更進入國際合作層面，被用以解決全球貧富差距、健康醫療不平均、節能減碳與氣候暖化等問題。在英國國際發展部，擔任發展效能債券工作小組共同主席的托比就說，發展效能債券讓社會服務轉成一門用來解決社會問題的投資商機。

- **英國社會企業體系圖**

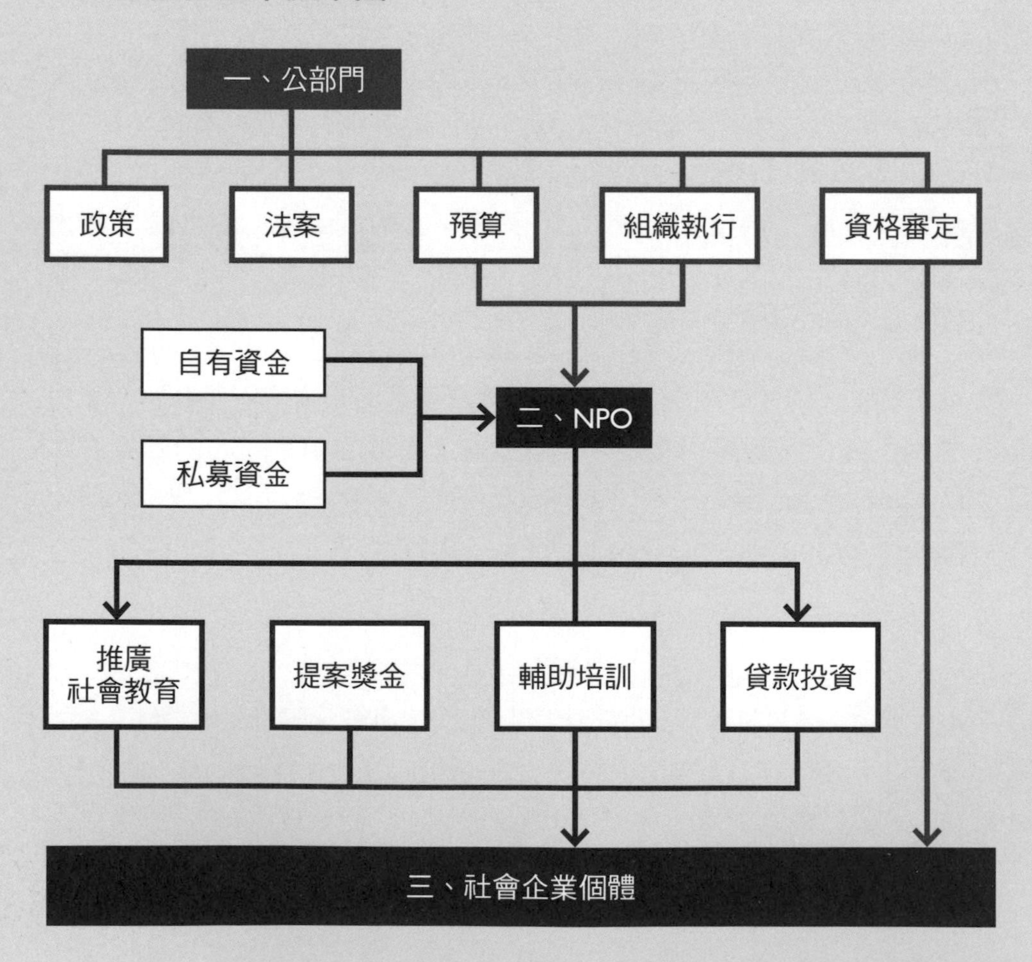

第二部

民間部門：遊說政策並善用公私基金

SEUK：社會企業的全國性組織平台

Social Enterprise UK（SEUK）是我們到拜訪的第一個社會企業單位。出發前只約略知道 SEUK 投入各種研究、提供訊息與分析工具、分享管理知識以及建構不同社會企業單位間的網絡關係，目的在打造一個可以讓社會企業發育完整的生態環境。SEUK 可以說是英國為社會企業發聲量最大的團體。不過，百聞不如一見，到英國後的第一天早上，略帶著時差以及對當地風土民情的新鮮感，而且又要搭地鐵，我們一行人就帶著興奮的心情前往。

SEUK 位在倫敦大橋附近，搭地鐵去最方便。我們 8 人不多不少，若用逛大觀園的速度，在轉車點換車時，就怕被搭地鐵上班的人潮所沖散。

想著想著，驚悚的事就發生了。

我們在龐德街（Bond Street）換車，上班時分，人潮擁擠，在許多通勤族都採取推、擠、鑽之下，我們 8 人無法從同一廂門上車，就分成兩掛分從兩門登車。地鐵車門開關時間很短，當時我還跟雅雯說著話，上車一回頭，發現她沒有登上，就在此時，車門已經關閉。我望著雅雯滿臉驚訝的表情。我知道，事情大條了。因為，只有帶隊的嘉偉知道要在哪裡下車。我心念轉著轉著，馬上想起一旦有人未跟上，就約定在下一站等。所以，我隔著車門對雅雯說，「下一站」。我知道她根本聽不見，但希望能讀懂我的唇語。就在這個「時準」，車門竟然又開了。我想是行車人員不忍看到外地人在倫敦地鐵中落單脫隊吧。

一團 8 個人重獲新生。這時候的配樂，應該是貝多芬的快樂頌吧！

之後，每個人都努力的閱讀地鐵地圖。

行銷訴求「吃我的，穿我的，搭我的，選我的，社會得利」

倫敦地下公共快速運輸系統（ London Underground）被暱稱為「TUBE」（在街頭標誌上是稱 the Underground）。倫敦地鐵始於 1863 年，是世界上第一條地鐵。車廂並不寬敞，跑起來卻很快，少了台北捷運的溫柔感，搖搖擺擺，像是一列紅色地鼠，有點呼嘯縱橫的悍。整個倫敦地鐵有 11 條路線，207 個車站，總長 402 公里，55% 的軌道是在地上，可以看見沿線都市景觀，讓都市記憶跟著旅遊心情變化。地下的 45% 是幽暗穴道的潛行，會車時，明亮車廂的光線反差，映照著車廂內眾生相，伴隨著軋支鏗隆的軌道摩擦聲，別有一股現代都會中孤獨、倉皇趕車的味道。

到站後，我們沿著 Tooley Street 走，右側一幢建築上還鑲著一枚二戰德國 V2 火箭。再往前就看見一幢四樓高的消防隊老建築，就是 SEUK 的所在地。這幢建築建於 1879 年，隸屬成立於 1865 年的大都會消防隊（Metropolitan Fire Brigade）。大都會消防隊的成立，與 1861 年 6 月 22 日 Tooley Street 上的棉花卸貨碼頭（ Cottons Wharf）火災有關，這是自 1666 年的倫敦大火以來，倫敦最嚴重的火警，30 分鐘內，四面八方的消防車都趕來救火，不過，真的是棉花店失火，燒得太旺，花了兩週才完全撲滅惡火。

1666 年倫敦大火之後，倫敦每間保險公司都有自己的救火隊，負責救火。然而這次棉花大火雖然滅了，但是保險公司面對巨額的賠償，只好向內政部（Home Office）的 Home Secretary 表示，再也負擔不起全倫敦市的防火安全。影響所及，就促成倫敦成立自己的消防隊。

當時不知建築物背後的歷史，只被那厚重磚牆帶出的斑駁時間感吸引住，現駐在裡面的已不是消防隊而是 Brigade 餐廳。一樓的餐廳不僅有自己的「烹飪學校」（Brigade Cook School），也和「超越食物基金」（The Beyond Food Foundation）合作，提供工作瀕臨不保，或是找工作境遇不佳，但對烹飪有興趣、想以廚師為業的民眾，到餐廳接受學徒訓練的機會。卡麥隆首相也來參訪下廚過。Brigade 餐廳的做法和傑米．奧利佛（Jamie Oliver）的十五餐廳（Fifteen）類似，我們很想去用餐，不過，行程太趕，只好望樓興嘆。

經過通報進了 SEUK 的大門，電梯很窄，大夥就沿著樓梯從一樓往上爬，樓梯繞著一根長柱，柱上貼滿消防隊在不同時期的介紹，算是歷史見證。SEUK 的門口很好認，就貼著一張海報，上頭寫著「選擇社企，社會得利（Choose social enterprise, and society profits）」。簡單明瞭，一語說中社會企業所為何事。

ＳＥＵＫ樓梯貼滿消防隊故事。

ＳＥＵＫ辦公室是一棟四樓高的消防隊老建築。

在 SEUK 事務所內，由生於香港，長於英國的夏綠蒂小姐（Charlotte Chung），為我們解說 SEUK 的業務內容以及組織理念。在簡報之前的時間，大家自由自在的逛了一下 SEUK 辦公室。不大的空間，雖是像台灣中小企業

英倫社企小記事

遊說社會價值法案立法，改變政府採購思維

SEUK 成立之後，對英國的社會企業的經營與價值，起了很大的推動作用 2012 年投入社會價值法的遊說與制定，發動「我們創造社會價值（we create social value）」活動，使公部門在採購時必須將社會效益的要素考量在內。SEUK 經過 19 個月的努力終於遊說法案通過，現在已被全世界仿效。法案的通過對英國國內，乃至於國際都產生實質、重大的效益。

社會價值法案的主要精神是，要求政府在進行採購時，必須從更廣的角度將社會與環境效益也列入選擇供應商的評估標準中，而不是只要求最低價格，以提高公共服務的品質，例如，甲非營利組織具有提供有效服務的能力，而且能夠提供學徒訓練給在地未就業年輕人，相較於只提供較低價格的乙公司，甲非營利組織所帶來的附加價值更高，因此，甲非營利組織可能贏得標案。如此的設計不僅讓 NPO 藉由參與公共服務的輸送，發揮更大的社會價值，更改變英國政府運用公共服務的採購力量，而達成多重社會效益目的。

根據英國下議院負責監督政府財政事務的「公共帳戶委員會（Public Accounts Committee）」調查指出，英國政府一年約有 2,360 億英鎊的預算，往往被少數大型公司把持，服務做不好又時有偷工減料的欺瞞行為傳出，這些公司反而賺進大把鈔票。追求低價的結果讓公共服務的品質走向超級市場化（supermarketisation），反而讓人民對政府責任的信心崩解。在法案審議時，保守黨與工黨都支持通過，社會價值法案可以打開社會企業與慈善組織參與公共服務的市場。

的辦公室般有點忙碌，卻也窗明几淨，個人位置井然有序。我被一位工作人員座位背後的海報所吸引，經詢問是否可以拍照後，就拍下來。上頭寫著：「吃我的、穿我的、搭我的、選我的，社會得利」，很簡潔有力的表明社會企業，涵蓋食衣住行育樂等不同營運類別的寫照。牆邊桌櫃上還擺著一面不鏽鋼材質的獎牌，是 SEUK 在 2012 年因為參與制定、遊說、通過 2012 年社會價值法案（Public Services，或 Social Value Act 2012），而獲得「第三部門卓越獎（the Third Sector Excellence Awards）」中的「巨大社會效益獎（the Big Impact Award）」獎項。

夏綠蒂小姐的簡報輕聲細語，但是我看著滴滴答答的時間，開始冒出冷汗。因為，出國前聯絡 SEUK 時，他們就表明要收諮詢費，一個半小時要價 300 英鎊，時間就是金錢。

在夏綠蒂的簡報中提到社會投資市場結構（Social Investment Market Structure）（見下圖），特別引起大家的興趣。當時，我們都不太了解社會企業領域是否已經形成一個清晰的社會投資市場，夏綠蒂解釋說，政府出資的大社會銀行（Big Society Capital）是一個社會銀行，提供一般商業銀行所不及的社會部門投資業務，而且只針對進行社會投資的中介團體提供貸款、融資、商務與投資諮詢等服務。社會部門的各類組織獲得資金的挹注，一方面得以提升服務能量、改善社區與人們生活品質，另一方面也貢獻經濟成長。如此一來，便可以帶動主流商業投資，以及傳統信託、基金會等資金與組織投入，形成正向的公益向善循環圈。

有趣的是，隔天拜訪英國大誌投資董事長奈吉爾時，他也談到了社會投資市場運作，而且，大誌投資也正在做財務分析，並貸款給社會企業的業務。在不同的單位，不同的人身上聽到相同的架構與故事，也不禁讓人驚訝於英國政府推動社會企業政策時，與民間團體共同邁向社會企業的道路上，對未來即將面對的財務資金、投資架構、策略、藍圖與進程，有著高度的共識。

• 社會投資市場架構

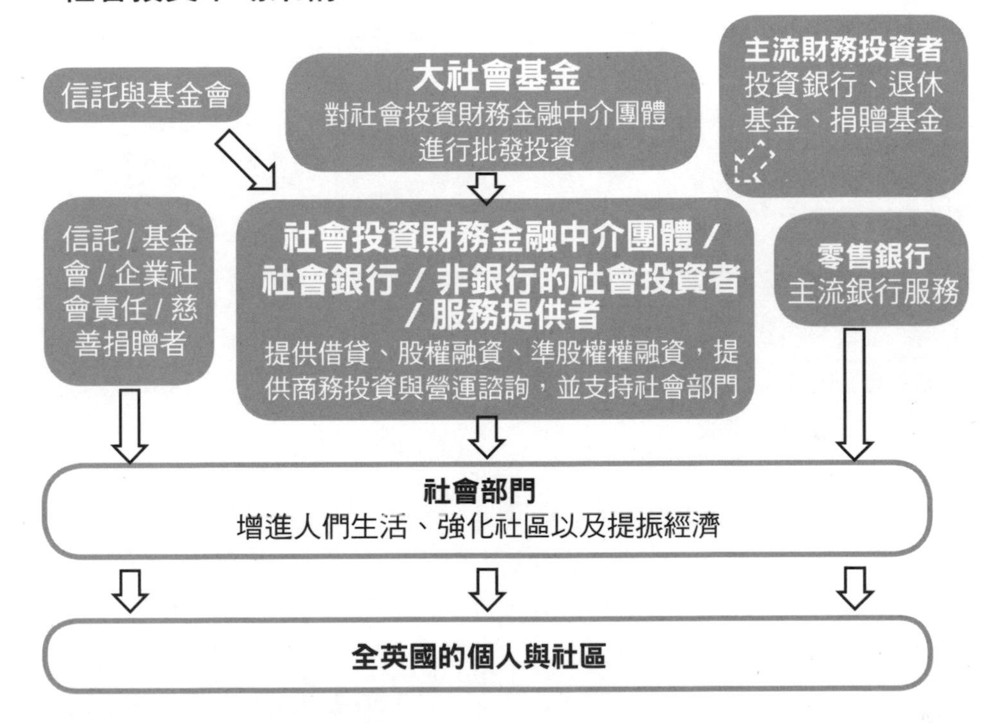

只要理念認同，都能成為 SEUK 會員

SEUK（Social Enterprise UK）不只是英國最大的民間社會企業倡議團體，同時也是英國目前最大的社會企業會員組織體。不論是個人商販、社會企業、還是營利事業，只要認同 SEUK 的主張，也就是以社會企業的方式，透過商業手法解決社會問題，就能夠加入會員。SEUK 則依據組織會員不同發展階段的營收，收取不同的會費。SEUK 目前有超過 1 萬名會員，除了提供會員拓展企業、研究議題、發展政策、舉辦倡議活動、建構社會企業組織間的供應網絡、分享知識的管道，對外也透過行銷宣傳，提高一般民眾的社會企業意識，並提供客製化的諮詢服務與訓練課程，如，社會價值法案的精神與申請程序、如何進行社會影響力評估、社會投資與財務講座、採購與供應鏈管理等。

在 SEUK 辦公室參訪時，看到一個「Buy Social」——「購買社會價值」的標章。我們很好奇的夏綠蒂這個標章是甚麼用途。

夏綠蒂說，這是用來鼓勵社會大眾購買社會企業的產品與服務，或讓社會企業成為你的供應鏈一環，不只可以 4 直接幫助社會企業，更可讓整個社會經濟的範疇更為擴大。

近年來，SEUK 最重要的行銷策略就是「購買社會價值」的行銷活動，並喊出「吃我的、穿我的、搭我的、選我的，社會得利」的訴求大。配合「購買社會價值」的策略，SEUK 也發行會員標章，讓 SEUK 的會員有身為社會企業的團體認知與辨識感。

不過，SEUK 的會員並不全然都是社會企業，也包括支持社會企業理念的一般企業或組織，因此在「購買社會價值」的策略上，也以兩種不同標章標示社會企業會員與非社會企業會員。非社會企業會員，會貼上「我們支持社會企業（we support social enterprise）」標章；而社會企業會員，若滿足以下原則，則貼上「我們是社會企業（we are social enterprise）」標章。

SEUK 有五項判斷社會企業準則，強調社會企業的營運自主能力、利潤與社

SEUK 辦公室可見「購買社會價值」的宣傳標語：「吃我的、穿我的、搭我的、選我的，社會得利」。

會使命之間的平衡關係。在經營社會企業時，社會使命與經營獲利一樣重要，而且融和均勻：

1. 所經營的業務有明確的社會與環境使命，而且標明在組織章程中。

2. 企業組織的營收有一半（50%）是來自於交易行為；或者正朝向達成營收一半的目標前進。

3. 以達成社會使命為前提做為組織決策方向，或是組織擁有決策自主性。（不同的組織型態，治理機制也不同）

4. 至少將盈餘或是利潤的一半（50%），再投入實現組織的社會使命中。

5. 組織的營運透明，所達成的社會影響可具體評估。

SEUK 也是經過演化而來。它的前身是在 2002 年成立的社會企業聯合會（Social Enterprise Coalition，SEC）。原本是社會企業小組捐助成立，來作為社會企業的全國性組織平台。SEC 廣泛的進行各種有利於孕育社會企業發展的活動，諸如，與各級政府、銀行、財務金融機構、法人等單位合作；舉行各種類型的會議與研討會；出版政策文件、教育訓練資料與最佳實務手冊；提供社會企業相關訊息，幫助社會企業運動更普遍，更強大。組織壯大後量變引發質變，連帶的使組織目標與策略也大不相同。在 2011 年 8 月 3 日，SEC 召開會議，變更章程改組為 SEUK。

蘇格蘭的社會企業聯合會（Scottish Social Enterprise Coalition）也在 2011 年底改組註冊，成為責任有限公司型態的蘇格蘭社會企業（Social Enterprise Scotland），威爾斯社會企業聯合會（Welsh Social Enterprise Coalition）也在威爾斯政府 2009 年發表的社會企業行動方案（Social Enterprise Action Plan）支持下，於 2010 年成立，不過，2013 年 5 月 13 日，威爾斯政府以聯合會績效不如預期的理由而停止補助。

身為營利事業，卻大力支持社會企業的 SEUK 要角

帶領改組成立SEUK的是創建會員（PWC，在台灣的夥伴是資誠會計事務所）PricewaterhouseCoopers、蘇格蘭皇家銀行集團（Royal Bank of Scotland Group ,RBS）與英國通訊公司 O2 等三位重量級會員。其中比較特別的是身為營利事業，卻大力支持社會企業的資誠會計事務所。資誠會計事務所是全球四大會計師事務所之一，於 1998 年由 Price Waterhouse 與 Coopers & Lybrand 兩間老牌會計事務所合併而成，因此簡稱 PwC。PwC 認為，社會創業家帶著新觀念的出現，有助於創造強而有力，活潑生動的經濟。PwC 以自身的會計專業，提供社會企業不可或缺的諮詢顧問、訓練輔導以及評估社會影響的能力。

SEUK 所在的消防隊辦公室，是由 PwC 贊助，而 PwC 的總部就位在 SEUK 的後面，一棟黑亮的玻璃帷幕大樓，可以看著倫敦橋，倫敦塔。SEUK 所在之區位在泰晤士河南岸，周圍環境新舊歷史建築交錯，有緊鄰泰晤士河、倫敦橋旁半橢圓的市政廳。旁邊的小公園還有淺水道，是集合附近大樓空調水滴而成。公園與人行道的邊緣，豎著一塊銅鑄標示，可以看到附近區域更新的樣態。

這一天以驚悚開始，中午有滿滿的見識，但也引發更多的猜想，其他的民間與政府單位又是如何看英國社會企業的發展？讓我們繼續看下去。

大誌投資：投資社會創業家的社會銀行

在台灣，由街友販售的「大誌雜誌（The Big Issue）」大家並不陌生，大夥經過捷運出口遇到台灣大誌（Big Issue Taiwan）的販售員，總會買一本大誌。而在發源地英國，大誌不只販售雜誌，更成立了大誌投資（Big Issue Invest，BII），運用財務工具，幫助社會企業得到發展所需的資金，健全財務狀況。

這次來到英國，可以與英國大誌的創辦人約翰 · 柏德（John Bird）見面，大家可是有點興奮。聽說他言談風趣，而且在 2013 年到過台灣一趟，和台灣大誌碰面，結果對於台灣大誌的編輯功力佩服得五體投地，直說，要請台灣的編輯教英國的編輯如何編一本秀氣的大誌。

見面現場是一間專門出租會議室的商辦公司內，定好 90 分鐘的會議時間。會議室裏茶水、點心、文具、紙張一應俱全，不過都得自助。

然而，出現在我們面前的卻是另外一個人：奈吉爾 · 克蕭（Nigel Kershaw OBE），大誌投資的執行長。奈吉爾說，本要與約翰連袂來，但約翰去身體體檢後卻趕不回來，所以只好由他單刀赴會。

我跟他交換名片，「由社會創業家所有、為社會創業家而存在（By the social entrepreneurs- for the social entrepreneurs）」這句話彰顯大誌投資精神的標語，就印在奈吉爾的名片上。

這次與奈吉爾的訪談不只是意外，更是一場驚喜的開端。

奈吉爾在 1994 年加入大誌，擔任執行長，負責雜誌印務以及發展新的社會事業。到了 2007 年，大誌在英國一般類別的雜誌暢銷排行榜上，以每周

175,000份的發行量排名第11，每年有800萬英鎊產值。大誌也同時創立「國際街報網絡（International Network of Street Papers，INSP」，分佈在各大洲67個國家。

雖然大誌雜誌經營得有聲有色，執行長奈吉爾卻有感於社會企業的發展仍不夠蓬勃、無法擴大營運規模。在和大誌創辦人約翰．柏德以及美體小舖共同創辦人高登．羅狄克（Gordon Roddick）討論後，募集資金，在2005年成立大誌投資，並由奈吉爾同時擔任基金執行長。

社會金融家以資本主義工具，實現社會主義理想

奈吉爾與約翰的思維是，透過大誌投資，將倫敦願意回饋社會的財務專家聚集起來，透過他們的專業經驗，提供社會企業在創業與擴張時，所需的相關貸款、財務規畫、資金流動等資訊，並積極輔導陪伴、連結社會網絡，讓社會企業能夠同時達成社會效益與財務收益。這是大誌投資與眾不同之處。

受到由努斯（Muhammad Yunus）在1983年創立窮人銀行，進行微型貸款的影響，奈吉爾也做相同的事──運用財務工具來瓦解貧窮，只不過對象是提供解決社會危機方案的社會企業。奈吉爾認為，如果要社會企業活力充沛

奈吉爾認為財務是工具而不是判斷標準，資金要用來幫助社會企業完成公益和財務獨立雙重目標。

的創造財富，而且定著在社區發展，就必須要讓社會企業能夠跟一般企業一樣，接觸到投資管道，擴大營運規模的同時，也深化了社會影響力。奈吉爾對於大誌投資的使命是：創造一個為社會企業家所有，社會金融家所支持的社會投資銀行（Social Merchant Bank）。

奈吉爾本身早在 1970 年代，就成立 3 家由員工擁有的印刷出公司，是充滿社會主義氣息，卻又採取資本主義做法的創業家。無獨有偶的，大誌投資的董事會主席羅賓．莫洛．戴維斯（Robin MonroDavis），是匯豐銀行非執行董事。執行董事莎拉．佛斯特（Sara Forster）曾在世界銀行工作，負責一些新興衝突國家，如波斯尼亞的微型貸款業務。以及另一位董事帕契卡．薩海．多倫佐（Puchka Sahay Dorenzo）來自 ShoreBank——美國歷史最悠久、規模最大的社區銀行。

投資效益廣泛，吸引小額投資人

大誌公司投資成立大誌投資公司，也宣告大誌集團（Big Issue Group）的成立，讓大誌以社會企業為解方、改變英國社會貧富懸殊問題的能量更為強大。大誌將遊民轉變為能工作、有收入的街頭雜誌販售員。大誌基金會則負責販售員的個人心理、財務等有關獨立打理自身的諮詢、輔導、陪伴工作。為了擴大社會企業模式的社會影響力，大誌投資透過資金借貸、投資與參與聯貸放款（participation loans）的方式，來支持具有獲利能力的社會企業。在社會企業需要資金創業或擴大營運規模，卻無法從銀行取得貸款的時刻，大誌投資提供機會，讓它們的運作模式能夠創造社會與環境永續發展，同時，達成投資人財務與社會收益的目標。

從 2005 年創立以來，大誌投資已經投資超過 2 千萬英鎊資金，給 170 個以上的社會企業、慈善組織，用來改善英國貧窮社區的生活品質。著名的投資案例除了傑米．奧利佛的「15 餐廳」以及貝露瓶裝水（Belu Water）（請見本書第三部）之外，還有提供無業者工作機會的 Thorpeter 瓦斯維修公司。不只如此，大誌的貸款對象也包含窮人銀行，直到 2011 年為止，總共借給位於英國西北地區的 Moneyline 公司，達 230 萬英鎊的借款，支持該公司提供信用貸款，給那些無法從一般商業銀行借款的民眾。位於布萊克本（Blackburn）的社會企業 East Lancashire Deaf Society 想要購置一幢建築，重新粉刷後提供出租辦公室以及開會場所的業務，也因大誌投資的支持而得以完成此一創新業務計畫。

大誌投資最初的 350 萬英鎊種子基金，來自於哈利法克斯蘇格蘭銀行（Halifax Bank of Scotland），以政府鳳凰基金（Phoenix Fund）的資助，還有許許多多的小額投資人。因為英國政府對私人投資社會企業提供減稅優惠，也讓許多個人和一般組織，願意將資金投入大誌投資。

投資人可以直接投資 25 萬英鎊，成為大誌投資的合夥人。或透過大誌投資捐贈至少 2.5 萬英鎊，除了支持社會企業之外，也能得到預期為 3% 到 5% 的「內部報酬率」（Internal Rate of Return），在基金啟動的第 4 年會發放第一期分紅。

此外，奈吉爾不排斥使用融資購併的方式，來購買營業額在 1 千萬英鎊上下的私人公司（尤其是照顧服務領域的），並將這些公司轉型為社會企業。之所以有這樣的想法，肇因於在 2006 年時，他聽說澳洲一家慈善組織接管經營一家盆景公司，並開始雇用精神疾病康復者為員工。而被購併公司也很高興被社會企業買走，經理還留下擔任經理管理公司兩年。這則逆向操作的故事，成了他阿基米德式「我找到了（eureka moment）」時刻。奈吉爾不喜歡用非營利（not-for-profit）來形容社會事業，他說，社會事業反而非常重視營利，重點在於，要怎樣使用收益。

提供財務與經營輔導的社會投資挑戰賽

對其他的財務金融機構而言，財務交易往往被當成目的，但奈吉爾一再強調，財務是一種工具而不是判斷標準。大誌投資將財務當成工具使用，目的是運用財務工具，幫助社會企業完成社會公益與財務獨立雙重目標，以擴大社會影響力。奈吉爾經常對尋求貸款的社會創業家說，貸款在這裏，我們投資支持你，也承擔著你的風險，因此必須有所回報。因為雙方都是社會企業，一件投資要讓雙方互惠，這樣是實現雙重的社會與財務效益。為了更加擴大這樣的投資效果，大誌投資舉辦了「社會投資挑戰賽（Corporate Social Venturing Challenge）」，號召處於起步階段的社會企業，以及非營利組織提案參賽。

大誌投資的運作模式是先向政府、大企業、基金會或慈善團體募集資金，成立約 550 萬英鎊的社會企業創業基金，並組成審查委員會，藉由社會企業的創業提案競賽，篩選出值得嚐試的營業模式，給與 3 年期、最高 5 萬英鎊的創業貸款。通常大誌投資會向 5 個不同企業募求投資，並由這 5 個企業各自派出代表，組成評審團，透過書面、介紹影片挑選出決選名單，最後藉由線上面試的方式決定最後的 10 名獲選者。

這樣競爭型提案的競賽過程，讓社會企業創業家清楚知道一般企業所重視的經營視角，以及投資者的要求，而參與評審的投資者，也藉此更清楚這些社會企業可以產生何種社會影響，兩者在過程中經過腦力激盪與修正調整，提案也將更成熟可行。

每個競賽獲選者不只是得到貸款，也會得到出資企業的輔導。在為期 4 個月的諮詢、輔導、陪伴與支持中，獲選者也得到這些企業的專業技能與社會資源。通常出資企業會優先關注與自身行業相關的提案，有趣的是在輔導的過程，五個出資企業也會彼此較勁，為了不落人後而投入更多輔導人員與資源，形成良性競爭。

這樣的投資方式，不是資金拿了就走，有了企業專業技能的輔導陪伴與資源，幫社會企業架構健康的營商環境，不只讓社企創業家學習企業管理，面對市場時也更能聚焦，讓改變社會的目標清晰，更容易達成社會與財務的雙重效益。輔導的企業與社會企業雙方的資金、網絡、與員工都因競賽而有相互交流、相互理解的機會，更擴大了彼此的「網絡資本（network capital）」。

大誌投資以這種模式運作了三年，舉辦了四次競賽，截至目前已有 44 家社會企業獲得資金，只有 4 家退出運作。競賽由大誌投資與英國第二大銀行巴克萊銀行（Barclays）合辦。投資企業包含提供全球資訊服務的 Experian、提供社區創新學習社會模式的 First Ark、專注社區活化的 Fusion21、資產管理公司 Places for People，以及北漢普頓大學（The University of Northampton），英國政府內閣辦公室的社會投資基金（Social Investment Fund）也投資 1 千萬英鎊資金。

大誌投資看重獲利能力，定位公益創投

大誌投資從過往的經驗中，逐漸發展出一套「社會效能評估工具（social impact rating tool）」來評估社會企業的社會效益、其實也就等同於大誌投資的投資效益。一般認為，社會企業規模越大，社會效益愈高，大誌投資也想藉此驗證是否果真如此？而且，大誌投資也希望能確定社會企業有一個明確的組織使命，而不是為了追逐不同名目的補助款或贊助，而不斷模糊、擴大自身的組織目標。不管結果如何，此一實驗將可測試社會企業的投資風險觀念，讓過去不怎麼熟悉市場運作機制的社會企業家，藉由市場競爭的過程，跨界合作，看重未來趨勢。

奈吉爾認為，社會企業就跟經營事業沒有兩樣，因而，他也比較喜歡用社會事業（social business）而不是用社會企業（social enterprise）來形容他做的事。他說自己是一個不害怕賺錢的社會企業家，獲利並沒有不對，重點是，如何將利潤再投資於社會使命之上。因為大誌投資不是慈善團體，必須很清楚知道客戶組織的永續發展與獲利能力。他與約翰一起發展的大誌，就是用商業而非慈善的模式來解決貧窮問題。他說，有趣的是，約翰曾經無家可歸的問題人物，現在卻擁有解方鑰匙，而奈吉爾本身曾是出版商工聯幹部，現在卻是金融專家，他們的共同嚐試就是改變社會。

許多社會企業一直鎖定以執行政府的公共服務為業務，但，他想要證明政府公共服務契約的模式外，還有以市場為基礎（market based）的社會企業。

而他也確實做到了這一點。The Big Issue、CafeDirect與傑米 · 奧利佛的十五餐廳也都是以市場為基礎的社會企業。大誌投資對社會企業貸款的模式，重新界定了公益創投的功能。奈吉爾還笑著說，傑米 · 奧利佛曾告訴他，如果他的餐廳不賺錢，無法還款，那他就用他食譜書籍的版稅來抵還貸款。

除了提案競賽的方式以外，大誌投資也有常態性資金申請的機制，所提供的金額介於5萬到100萬英鎊。超過100萬英鎊的投資金額，大誌投資會與其他銀行、社會投資者運用聯貸合作提供。這些資金能被社會企業用來作為營運資金、購置及更新資產與設備，進而為社會企業帶來成長與獲利。

鎖定以照顧弱勢為社會使命的投資對象

大誌投資不作贊助、捐贈，僅以投資或貸款的方式提供資金。在提出申請後，大誌投資會先評估營運模式、資金流動、組織償債能力，以及領導階層的能力與特質等等因素，然後幫申請的社會企業或團體，量身設計一套財務方案。

要獲得大誌投資的資金，申請單位的服務對象必須是弱勢族群，並且聚焦於以下至少一項議題：

- 職業教育與訓練（Jobs, Education and Training）
- 健康與社會照護（Health and Social Care）
- 社會融入與金融資源（Social and Financial Inclusion）
- 社區發展（Community Development）
- 社區發起的環保行動（Community-driven Environmental Initiatives）

申請者必須能夠提出清楚的組織使命、工作目標及可以衡量（包含量化與質性）的成效，證明自己具有良好管理、獲利能力，以及健全的商業及財務計畫，並且需要經營兩年以上（少於兩年的組織則需要個案判定），同時業務範圍位於英國境內（在英國設立總部，但是有海外業務的組織則由個案判定）。

90 分鐘過的飛快，聽完奈吉爾正在大誌投資所做的事，以及提案競賽的效益，馬上聯想到在 SEUK 時，夏綠蒂簡報的那一張社會投資架構圖。那不是用來簡報而已，而是真正的完成社會投資的施工圖。

英倫社企小記事

英國內閣辦公室社會企業大使奈吉爾．克蕭

奈吉爾今年 62 歲，是一位謙謙長者，知無不言，言無不盡，典型英國紳士作風。會面的過程，溫馨又激勵人心。除了感受到他的迷人風範，還深刻體會到積極思考社會問題，努力找出解決社會危機妙方的熱情與判斷。

在 1994 年進入大誌集團之前，除了創立印刷、出版公司，也曾經擔任出版業界的專案經理、系統分析師、印刷工聯的幹部等職務。2008 年，他獲得「企業董事協會」（Institute of Directors，IOD）頒發的「優良企業獎章」（Good Enterprise Award）。IOD 成立於 1903 年，是英國運作時間最久的企業平台組織，目的在支持、代表企業發聲、鼓勵創新活動，以及推動企業社會責任。

2010 年，奈吉爾被授與大英帝國官佐勳章（Officer of the Most Excellent Order of the British Empire, OBE），以表彰他對社會企業的貢獻。他也是內閣辦公室的社會企業大使（Cabinet Office Social Enterprise Ambassador）。

史科爾社會企業中心：以教育強化社企的核心能力

牛津大學史科爾社會創業中心（Skoll Centre for Social Entrepreneurship at University of Oxford）就位在牛津古鎮內，是在2003年史科爾基金會（Skoll Foundation）贊助440萬英鎊，而成立於牛津大學薩伊德商業學院（Said Business School）之內。史科爾基金會的創辦人，是大型線上拍賣公司eBay的第一任總裁傑夫．史科爾（Jeff Skoll），創辦目的是希望藉由基金投資、建立網絡來推動社會企業，以解決各種社會問題。而基金會選擇贊助牛津大學成立史科爾社會企業中心，可說是企業界與學界結合，共同推動社會創新的模式。

牛津薩依德管理學院強調視野全球化

在車站前頻頻張望四周，屢屢低頭查看地圖時，我們要拜訪的史科爾社會創業中心，所在的薩伊德商業學院竟然遠在天邊，近在眼前。

這所具有現代建築風格的學院，在年津大學的800多年厚重十足的歷史建築群中，顯得相當年輕、低調，但面貌清晰，形象新穎。史科爾社會企業中心所隸屬的牛津大學薩伊德商業學院，本身就是一個著重人文精神的研究重鎮。這所學院以捐贈者瓦費克．薩伊德（Wafic Saïd）命名。1996年成立之初，招來一大堆教授反對，認為牛津大學應秉持其人文傳統，而非隨著潮流，增設追逐金錢遊戲的商業學院。這樣的說法大概是害怕商學院的銅臭味，減損了牛津大學的人文傳統。但是，後來學院的發展證實了這些教授的憂慮並無必要，在牛津大學人文底蘊的基礎下，薩伊德商業學院將研究與教學重點放在創業上，創新精神也自然反饋到學院的教學與研究方針。著重於創業的實務訓練與理論分析，讓薩伊德商業學院很快成為全英國排名第一的管理學院。

牛津薩伊德商業學院是英國著名的管理學院。

薩伊德商業學院將視野定位在全球，廣納各國學生。為了突顯這個特色，薩伊德商業學院的招生簡章上，特地標出國際學生的分布比例。高度國際化就是薩伊德商業學院的特色，所以雖然院齡年輕，卻廣受歐洲企業青睞。也因為有此背景，薩伊德學院培養出有許多國際性的社會創業案例。

我們一群人時間有限的，卻逛得悠閒，也著實被牛津鎮內自西元 900 年撒克遜入侵時代以來，英國所有時期的建築所散放的歷史時間感所吸引。

約定的時間到，我們來到史科爾社會企業中心所在的薩伊德商業學院。經櫃台登記、通知後，擔任學院講師及中心顧問的丹妮拉．帕比（Daniela Papi）帶我們進入中心，為我們介紹史科爾社會研究中心，如何作為一個教育單位，讓社會創業家掌握創立社會企業所需的知識。丹妮拉並以她在柬埔寨成立非營利組織的經驗，和我們討論組織從慈善轉型到社會企業，所需要的思維改革，以及可能面臨的困難。

PEPY：從單車旅行發展柬埔寨偏鄉教育

丹妮拉曾在柬埔寨待了 6 年，後來根據自己在柬埔寨的經驗創立了一間公司型態的社會企業——PEPY 旅行社（PEPY Tours），以及名為「推動教育，賦權青年（Promoting Education Empowering Youth，PEPY）」的非營利組織。

這個概念源自於 2004 年，當時丹妮拉計畫和幾個朋友騎單車橫越柬埔寨，來一趟探險與學習之旅，同時嘗試在當地提供一些英語教育，於是發起了「The PEPY Ride」計畫。

後來這個計畫規模越來越大，2005 年丹妮拉開始募款，幫助一所學校提供教學。但是，在準備進行單車之旅前，她發現，這所本應有 500 名學生的學校，實際上只剩幾名師生。學校參與計畫只是得到補助款。丹妮拉因此感受到，只給與資源並不是最佳方式，容易造成資源誤用，甚至形成社區居民依賴外部資源的現象。

於是 PEPY 調整了參與的方式，組織與服務者先深入了解當地的文化脈絡，經過理解、參與，再設計出適合社區的服務方案，同時也能直接評估對社區所造成的效應。2011 年 PEPY 的全稱改為「推動教育，賦權青年」，以非營利的組織形式，在柬埔寨暹粒省（Siem Reap）鄉村，推動青年領導與改善教育品質的工作。PEPY 旅行社則成立於此時，主要辦理柬埔寨單車旅遊，參加者可付費參加 1,000 公里的單車旅程。行程著重於當地文化、社會問題，並接觸社會企業、志工服務等領域，同時鼓勵參加者在旅程結束後繼續參與社會改造。PEPY 旅行社的所有獲利都直接投入到非營利組織 PEPY 上，提供在地教育機會。

從單純的提供志願服務，轉型為社會企業，PEPY 以非營利組織和社會企業兩種型態相輔相成，不僅強化了組織財務，也改變了組織運作哲學。服務者心態上從同情轉變為同理心，因而更能理解社區情境，設計的解決方案會更貼近社區的問題。

PEPY 的案例，值得其他社會企業創業者借鏡。從慈善組織轉變為社會企業，必須能夠透過交易產生收入，對組織來說是劇烈的轉變，是和慈善機構完全不同的創業思維。這需要重建組織的運作系統，並以新的基準來檢視工作方式，以有效率地完成工作，也就是如同一般企業重視盈虧和管理，才以能持續經營，持續投入於社會企業的創立使命中。

經由學術、教育組織網絡串聯社會影響力

而丹妮拉所在的薩伊德商業學院，則以學院組織所具有學術、教育能力，對外串連校友、各類組織、設定議題、舉辦各種活動，對內開放各類系所學生進入跨領域學習，來強化社會創業的創新活力。例如，學院成立了牛津社會影響力網絡（The Social Impact Oxford Business Network），來集結各方社會創新創業家，並讓學生得以透過院方與外部組織合辦的國際社會影響力投資競賽、講座以及社會創新個案競賽等活動，提供支持的力量。

結束精彩的會面，匆匆走出薩伊德商業學院，趕車回旅店。一路上，由鄉村郊區的寧靜回到都會的喧囂吵雜。這場會面，讓我看見牛津大學如何以學術殿堂的高度，伸出教學與研究的雙手，突破市場、政府與第三部門的分野，重新塑造社會價值的風貌。

當環境對於社會投資、社會創業越來越熱絡，學術研究機構也在其中提供了支持的力道，在社會企業實務進行中，提供精準的分析與資源連結。牛津大學史科爾社會企業中心便是以其教育與研究的核心能力，投入社會企業的研究與推動。中心設有相關課程，不僅提供教育訓練，也連結各方社會企業家，成為社會創新與創業家的連結中心。

Impact HUB：創業者孕育靈感的創意發想工坊

在倫敦訪問的緊湊行程中，也有開天窗的時候。原本約好要去拜訪大社會網絡（Big Society Network）的行程，臨時被取消。對這空出來的一天，大家就有很多想像。是要去大英博物館、泰特現代藝術館（Tate Modern）、倫敦塔、西敏寺、白金漢宮看御林軍交接，還是去看看其他的社會企業？討論的結果莫衷一是，唯一的共識就是，若有社會企業可以看，就去看，因為，一路飛了 15 小時，飛越千山萬水，飄洋過海來倫敦，不就是為了體驗英國社會企業的臨場感。

在眾說紛紜間，嘉偉宣布我們要去參訪 HUB，那是一家青年創業共同工作空間的社會企業。當時，大家一頭霧水，HUB 是甚麼單位？共同工作空間是甚麼？大夥不只好奇於共同工作空間的想法，更想知道到底怎麼運作。

嘉偉沒有回答這些疑惑，只跟大家解釋決策過程：由於前一天與奈吉爾相談甚歡，奈吉爾決定出手幫助解決我們所遇到的困難。果然如俗話說的，計畫趕不上變化，變化抵不過有力人士的一通電話。於是，我們就這樣充滿著好奇的心情出發了。

我們一行人搭了地鐵從皮卡迪利圓環（Piccadilly Circus）出來，步行 3 分鐘就到了 HUB Westminster 所在的 New Zealand House。這一天有點雨，路人行色匆匆，我們來到 HUB 所在的建築時，還想不透給青年的創業空間，怎麼會位在寸土寸金、交通幹道匯聚、國際遊客雲集、購物商店與影視娛樂滿街、街頭藝人出沒的倫敦市中心之內。

而何以 HUB 位在熙熙攘攘，時尚流行的個性化、古典的優雅與現代的豐裕攪拌糾纏不清的市中心，這問題實在令人費解。我想，重點在於青年，也許是青年創業成於市的意思？

在等電梯的時候，電梯旁的鏤空樓層還矗立著一根三樓高的非洲原民部落圖騰柱，充滿著異國情調。一出電梯，就是一塊「歡迎來到 HUB Westminster」的木製立牌，又把想像時間拉回到現實。

充滿設計感，孕育創業靈感的 HUB 空間

接待我們的是共同創辦人愛麗絲・馮（Alice Fung），她挺著 8 個月的身孕，為我們逐一導覽所有的空間設計理念。Hub 的原意為集線器，取其匯集各方人才，透過同一個地方的匯流機制，激盪出點子的意象。因此，HUB 的目標聚焦在提供一個具有創意空間的聚會地點，來吸納創業家的能量，透過創新創業歷程，轉化成為影響社區，改變社會的力量。在經驗共享的基礎上，愛麗絲說，設在市中心鬧區所帶來的便捷交通，以及各種商業服務的便利，也可大幅降低創業成本，形成友善創業的群聚之地。

只要走進 Hub Westminster，就會不禁為充滿設計感的空間所吸引。內部空間完全依據不同會議與工作需求而設計，在樑柱甚少，穿透性高的空間內，從單人工作空間、適合四到六人的會議空間，到可容納十八人的圖書館式空間應有俱有。各式各樣的桌椅也是經過巧思設計，如，有著擁有 270 度弧度的不規則圓桌，桌腳下安裝滑輪，方便併桌討論；有像吧檯高腳椅的桌面；

HUB Westminster 的不規則桌面，備有滑輪，方便移動、併桌討論。

HUB Westminster 的簡易廚房。

也有隔成單間表示「不要吵我」的圖書館式長桌。空間規劃上，有可供長駐的區域，適合進行較長時期的合作計劃；也有溫室形狀的會議室、策略室供個案討論；還有較大型的活動空間，可以舉辦團體活動。另外附有簡易輕食廚房，可以裹腹泡咖啡。空間彈性自由，找人聊天並不難，想要一個人靜靜思考也不錯，待個一整天似乎也沒問題。

我們在倫敦參訪時，資料有限，只看到 HUB 所展現以空間來帶動社會創新的作法。當時 HUB 只有伊林斯頓（Islington）、王十字（Kings Cross）以及西敏寺（Westminster）三家據點。我們回到台灣後，在整理 HUB Westminster 的個案時，品牌已改名為 Impact HUB，也成立了 Impact HUB Brixton 這個新據點。業務不僅擴及海內外，更針對創業週期所可能遇到的問題，提供更具整體解決服務方案，朝向提高附加價值的方向前進。

Hub Westminster 由公部門投資而非補助

Impact Hub Westminster 由社區利益公司：Hub Make Lab CIC 成立。Hub Make Lab CIC 是由西敏市議會、零零建築事務所（Architecture 00:/，發音 zero zero）以及愛麗絲．馮三方投資組成，其中愛麗絲．馮同時也是零零建築事務所的共同創辦人。西敏市議會透過「市民創業基金（Civic Enterprise Fund）」，以專門投資於創業發展階段的種籽基金形式投入，擁有 Hub Make Lab CIC 40% 的股份。

Hub Make Lab CIC 於 2011 年創立後，限制盈餘分配上限是稅後 35%，其餘 65% 盈餘，則投入有利於西敏寺地區的營商相關計畫。而西敏寺市議會對於如何運用盈餘的決策，具有相當影響力。

當初，西敏市議會支持是因為政策上鼓勵新創與微型事業，而新創與微型企業在發展之初，往往需要學習、共享與合作的創業經驗，甚至於，若有諮詢輔導與陪伴的機制，就可以免除多走冤枉路，多犯錯誤的困擾。因此，HUB Westminster 的成立，就是提供一個具有創意空間配置的聚會地方，讓創新社會家能夠在這個育成實驗室（incubation lab）孵出影響社會價值的創新事業。

這正是政府機關支持社會企業的案例，而且並非單方給予補助款項的慈善模式，根據定期公布的獲利狀況看來，Hub Westminster 成立的第一年底，便可以不用依賴公共資金持續挹注。新創與微型企業往往需要公私部門的資金支持，方得以順利開始，但是 Hub Westminster 不只證明自身的財務獨立能力，其營運模式更提供新創與微型企業一個強而有力的示範。

合理收費、穩定獲利，才能持續改變世界

Hub Westminster 採會員制，有不同的會員方案，依據所能使用的場地設施多寡，以及每月能使用時間的長短，等不同的服務內容，收取不同會費。每人每月費用從 20 英鎊到 350 英鎊不等，並另外提供郵箱、專屬電話線及置物櫃等設備租用。同時 Hub Westminster 還提供離峰方案，讓資金有限的創業者，能以優惠價格購買非尖峰時段的場地使用資格。如果是創立兩年內的新公司，或者年營業額少於 77,000 英鎊的小型公司，也能享有會費折扣。

要成為 Hub Westminster 的會員，必須在申請時說明自己的社會或環境改善

大社會政策：讓更多社區工作者投入社區事務

西敏寺議會支持 Impact Hub Westminster 這樣的社會企業是「大社會」概念的體現。「大社會政策」是卡麥隆首相的重要政策：將權力與機會重新放回人民的手中。在這個概念下，市民、志願團體、社區與地方政府之間，將不再只有上對下的治理模式，而必須共同面對、解決現階段英國所面對的社會、政治、經濟問題。

大社會政策包含 5 大綱領：

（1）賦予給社區更多權力來決社區生活與空間樣貌。為活化社區空間而賦與社區招標權力來營運國家經營的公共服務。

（2）鼓勵在地居民積極參與社區事務，引入全國市民服務（National Citizen Service）計畫，讓 16 歲以上居民與不同背景的市民，共同發展成為積極回應社區公共事務的居民。

（3）中央政府釋出決策權力給地方政府，尤其是更高的財政自主權。

（4）支持合作社、互助會、慈善組織與社會企業，更積極參與公共服務的營運。同時，也賦與公部門的員工，可以組成員工所有的合作社形態，來參與投標，以接手所經營的公共服務事業。運用銀行靜止戶的存款成立大社會銀行，提供資金給社區團體、慈善組織、社會企業以及非政府單位，擴大其社會影響力。

（5）定期出版政府資訊，供公眾使用；並責成警務部門出版地區犯罪資料，以便社區居民理解犯罪訊息，以及警方防制犯罪的作為。

目標，以及如何透過商業方式達成。Hub Westminster 也歡迎支持社會企業的組織成為會員，但同樣須在申請時，說明自己的組織如何對其他會員有益。目前 Hub 擁有 66 家連鎖授權中心（29 家準備中），橫跨 5 大洲，擁有 11,000 位以上的會員，其中 56% 的會員有彼此合作的經驗，而 75% 的會員是社會企業創立兩年內的新手，數以千計的創業者曾利用此地設施參與眾多學習活動。

愛麗絲曾指出，Hub Westminster 既想賺錢，更想將價值觀傳達給世界。以往社會企業往往被視為是邊緣性的活動、社會問題的非正規解決方案，甚至被理解成是社會福利政策的延伸，但她本人相信社會事業能以商業經營方式存活，且不必然受到現有經濟震盪的影響。推動社會企業前進的，不是依靠捐助或補助的慈善模式，而是能夠產生營收的商業模式，達成財務、環境與社會永續經營的目的。

因應快速擴張，發展社會連鎖加盟體系

HUB 創始人之一的強納森．羅賓遜（Jonathan Robinson）回憶道，HUB 的出現，並不是在建立一個只屬於倫敦在地的社群，而是在建構一個以倫敦為基地的全球社群，要吸引全球許多想從事相似任務的年輕朋友，聚集一堂，共同構思、行動。在 2007 年之時，倫敦地區有超過 30 個類似的空間。儘管一開始只是分享經驗，隨後，就變成一個由全球各地參與者來學習、並引介整個 HUB 模式歸國返鄉的風潮。

此時，大家對 HUB 逐步發展出來的全球模式，並沒有一個如何標準化的方案，只隨著風潮繼續擴張，但正因為沒有明確且統一的架構，反而讓全球各地有志之士各自發展出因時因地制宜，不同版本的 HUB。巴西 HUB 聖保羅的創辦人巴羅勃．漢戴爾（Pablo Handl）說，當時的哲學是「做就對了（Just do it）」，激發出許多年輕創業家的創業能量。

到 2008 年時，全球已經有九個 HUB。HUB 面臨快速擴張的壓力，有些團隊成員希望在鬆散的架構下，各地不同的 HUB 有充分自主權，但是也有團隊承希望，能夠成立一個統一事權的中央集權式組織，以吸引外部資金，執行成長策略。在創新運動與商業運作模式的緊張關係中，HUB 發展出一個混合的模式——社會連鎖加盟體系（social franchise），新成立的 HUB 將給付加盟費以及一部份的營收，給 HUB 的組織。而加盟的 HUB 可以獲得品牌授權，以及來自中央組織各種可以加強各地方 HUB 社會影響效能的協助，如科技技術支援、知識分享、社區建構、空間設計、商業營運計畫、品質管控等等。

社企話題

Impact Hub 的快速崛起

HUB 的概念發展得相當早， 2005 年就有 HUB Islington 成立，2008 成立 HUB King's Cross，2011 年 10 月成立占地達 12,000 平方英呎的 HUB Westminster，不過只有 HUB Westminster 是由西敏寺市議會以持有 40% 股權成立的社區利益公司來營運。2013 年艾莉絲．馮、印地．喬哈爾（Indy Johar）、提莫迪．艾連斯巴（Timoty Ahrensbach）共同成立 Impact Hub，試著在能夠創造更高群聚效應的倫敦市核心街區，創立一個能夠支持 1000 名青年創業家合作、成長，乃至於形成具有社會效益經濟（Impact Economy）的空間。HUB 早期的發展因不同的地理位置，各自發展特色，而有不同的空間設計。如何面對創業生命週期所可能遇到的各種問題，從觀念啟迪、影響評估、規模乃至於資金的獲得，都在協助範疇之內。透過共同工作空間，而提供加速產業化的計畫，讓社會企業家的點子與天使基金經理人、群眾募資平台，都能夠合作。

目前 Impact Hub 已擴大到全球 66 個國家的營業據點。英國 2014 年起開始，將社會企業政策由培育國內社會企業組織，轉向輸出社會企業，Impact Hub 全球據點的擴增，對英國式社會企業的輸出，有推波助瀾的效果。

社會運動式的發展挑戰組織營運變革

為了吸引投資，擴展 HUB 成為社會改革者的全球網絡，強納森．羅賓遜成立了 HUB World 有限公司，投資者包含美體小舖的共同創辦人高登．羅狄克，整個發展狀況看起來即將鴻圖大展，但此時卻有愈來愈多 HUB 拒絕付權利金。原因不僅在於社會使命，更在質疑到底 HUB 是在追求營利還是非營利？還有究竟要以何種條件，獲得何種服務，來定投資金額？加盟的 HUB 付了權利金之後，到底能夠獲得何種支持？在全球 HUB 體系內，是否有足夠的發聲量？是否有投票權來影響決策？而最後的核心問題就是，HUB 的所有權結構，控制在強納森．羅賓遜一人手上，與整個 HUB 是由集體創作而來的精神相背。

儘管，到底是要延續走一條運動路線，還是轉向商業獲利的問題，在 HUB 的利害關係人之間，紛擾延續了一年左右。2009 年 HUB 的數量仍在成長，但只有部份地方 HUB 簽署加盟契約，許多地方的 HUB 試著談出具有特別條款的加盟契約。之所以會如此的原因也不難猜想，因為當時的 HUB World 所架構的加盟體系，也是邊走邊摸索。

到 2010 年時，情勢已經嚴峻到不能再拖，HUB 領導階層在荷蘭阿姆斯特丹集會，重新凝聚共識。討論重點不是放在領導風格的改變，而是規劃出一個更適合全球化發展的治理模式。

經營體制從加盟轉化為合作網絡

經過組織轉型的陣痛，HUB 發展出 HUB Association——一個由各地 HUB 共同持有 HUB 全球組織的模式，每個 HUB 都須加入此一會員組織，擁有平等的代表權，以「一個 HUB 一票，票票等值（one HUB, one vote）」的原則，來參與公司事務。HUB Association 則控制一家有限公司 HUB GmbH，以此來執行全球各 HUB 之間的協同合作事項，給與各在地的 HUB 營運的支持，並發給新加入證照。在新的治理模式下，每個地方 HUB 會員都對全體負責，每個會員均須上繳入會費，以及一部份營運所得。各會員繳交給組織的費用，較HUB World時期低，而且金額多寡是依據每個HUB的預算來定。

2011年初，不到一年的時間，許多HUB的利害關係人群聚HUB馬德里，慶祝HUB走上過渡的正確軌道。在近一年的過渡期間，有許多加入HUB的新申請案待審理，HUB為此再討論出同儕審查的機制（peer-review mechanism）；以前是由位在倫敦的總部負責審查申請加入案，現在則變成由現有的HUB會員推薦，以取得候選人資格。然後，必須提出可行性計畫，以便獲得第二個HUB支持推薦入會。再由既有的HUB會員則全體投票，決定是否同意通過新申請者加入。

此一治理模式的引入對地方HUB的營運模式也產生重大影響。過去最原初的HUB，營運金流主要來自於提供彈性工作、舉行會議以及學習空間的租金。這是HUB 1.0版的營運模式，大家都知道，租金是杯水車薪，難以為繼。因此，近來也發展出許多具有附加價值的活動：創業育成、教育訓練、以及諮詢。為會員創造更多價值，而不是相互消費彼此能量。

HUB一開始從開放的創新運動起家，為了方便複製經驗，而發展出社會連鎖營運的模式，但是，運動是建立在志願的參與者，彼此所共享的價值與視野之上，既無法控制，更難被擁有。HUB的領導階層調整模式，重新理解運動與商業的特性，HUB基本上是一個網絡模式（network），是一群具有相類似想法、使命的同儕群聚合作、協力實現改變社會的所在。網絡模式既不像是開放給認同理念、全員參與的運動，因為HUB網絡具有規範會員如何協助的規章；也不是商業交易模式，而是混合協作與商業交易的特性。HUB在同儕驅動的創業家網絡上所吸引的參與者，是具有參與運動的熱情加上商業交易的精明。

許多HUB的支持者都相信HUB仍在轉型，之所以能凝聚如此多樣的全球HUB會員，是在於HUB一直守著一套共享的核心價值，來培植人們的人際關係網絡。

UnLtd：以無限可能資助社會創業家

在台灣安排倫敦的拜訪行程時，就考慮到不能只看政府部門，學術部門、不同類型的第一線執行單位也要去看。雖然在倫敦的時間很短，若機會希望盡可能完整的參訪社會影響力相當深遠的社會企業。於是，UnLtd 與 SMaRT 汽車修理廠（SMaRT garage services）就出現在拜訪名單上。

可是，UnLtd 要怎樣唸，是同 unlimited，或是其他的發音？是沒有限制，無限可能的意義嗎？看了簡介知道 UnLtd 是目前世界上，規模最大的社會創業家支持平台，透過頒發不同獎項，提供創業資金，以及完整的創業資源，每年支持上千有志於改變世界的創業家。我想，UnLtd 指的，應該就是投資於發掘無限的社會創業潛能的意思吧！

拜訪 UnLtd 的行程皆在拜會 HUB Westminster 之後，我們擁有尷尬的四小時空檔。而明天，我們就要離開倫敦回台灣了，好不容易來到倫敦，不能只有一趟英國社會企業政策的學習之旅。面對大英帝國 19 世紀的輝煌，難道就

英國憑藉大英博物館豐富館藏資源，運用彩券基金投入創造「遺跡經濟」。

這樣一路無視，而原地找餐廳用餐？於是，我跟雅雯不再猶豫，決定去大英博物館，然後在約定好會合。經過一番討論，一群人決定兵分兩路，我們一組 5 人，我、雅雯、嘉偉、淑惠、佳琦立刻出發。淑媛、怡雯、玉慧決定去看國家美術館（National Gallery）。

活用樂透基金，保存文化遺產並促進經濟

站在成立於 1753 年的大英博物館前，希臘愛奧尼亞列柱式（Ionic Order）建築染著歷史時間的斑剝，就像是一座神殿的氣勢。目前大英博物館擁有藏品 1,300 多萬件，礙於空間，應該也展不完，要看應該也看不完。

進到大中庭，就看到由 2,436 塊三角形玻璃片組成的屋頂。大中庭於 2000 年 12 月建成，中心就是閱覽室，正在展龐貝的文化遺產。在進入閱覽室的樓梯入口上還刻著千禧年委員會（The Millennium Commission）、遺跡樂透基金（Heritage Lottery Fund）的字樣。這兩個單位都跟發展社會銀行有關。千禧年委員會在 1993 年成立，資金來自國家樂透基金（National Lottery Fund），目的在贊助全英國社區事務的改變，以慶祝第二個千禧年的結束與第三個千禧年的開始。2006 年，千禧年委員會停止接受國家樂透基金的資助，改由大樂透基金（ Big Lottery Fund 接手），而後在同年的 12 月 1 日停止運作。

UnLtd 認為投資在社會創業家身上，可以更靈活而有效率的推動社會企業發展。（攝影／黃佳琦）

而遺跡樂透基金也成立於 1993 年，目的在保存英國境內的博物館、歷史古蹟、公園、建築、自然環境、文化遺產等，並將之轉化成為遺跡經濟（heritage economy）。相較於台灣各政府多將公益彩券盈餘，用於公務預算、社會救助與社會福利，可以見到英國政府靈活運用樂透彩券基金，強化經濟動能的做法。

嘉偉租了導覽器，從希臘時期的館藏逛起。對粗獷石柱與細膩石雕所透露的神話故事以及希臘文化的片段，根本無暇細讀，只能走馬看花。還沒看完，時間也差不多了，只好離開，繼續下一個行程，趕到 UnLtd 去。

UnLtd 提供個人社會創業，完整投資、陪伴、及輔導資源

UnLtd 成立於 2000 年，是由 8 家非營利組織：Ashoka：Innovators for the Public、 Changemakers、 Community Action Network （CAN）、Comic Relief、 The Scarman Trust、 SENSCOT,、UnLtd South Africa ，以及 The School for Social Entrepreneurs （SSE），聯合組成。基金的來源是由千禧年委員會從彩券基金中投資 100 萬英鎊成立千禧年獎項信託（Millennium Awards Trust）。UnLtd 是唯一的受託人，因此必須盡善良管理人的義務，用來確保所有資產與資源，並將收益循環再投入於社會公益的目的。此外，UnLtd 也向政府、基金會、私人公司與私人募款。目前在英國有 6 個辦公室。

接待我們的凱薩琳．丹頓（Katharine Danton）女士，非常友善，知無不言，言無不盡。2013 年下半年，勞動部舉辦的社會企業國際研討會，邀請她前來擔任社會企業運作模式的專題演講人。她說：UnLtd 的特殊運作模式就是，以頒發不同獎項的方式，提供創業資金直接給個人，而不是組織，因為 UnLtd 認為賦予人的力量可以更靈活、有效率的串連、發想與行動，直接促成社會企業的創立與發展。

因此，UnLtd 將社會創業當成是一項個人貢獻社區利益的旅程，提供完整的創業資源，包含投資、陪伴、以及輔導機制，從創業所需的資金，到事業逐步發展、規模日益擴大等不同階段所需的諮詢、以及各種社群網絡的佈建

等，都包含在 UnLtd 提供社會創業家的協助中。如果有心成立社會企業，構思上卻還有不完整之處，UnLtd 也架設網站平台，讓社會創業家能夠在交流討論、激盪靈感。

針對社企創業不同階段規模，提供多元獎額

任何人只要有自認利於人群與社區的方案，即可申請獎金從 500 到 2 萬英鎊不等的創業獎。方案不需要能夠達成世界大同，許多申請人是著眼於解決自己社區的問題，重點不在於事業規模的大小，而是試圖改變的決心，與實現願景的能力。

UnLtd 提供的獎項，分為以下幾個層級：

試試看獎（Try it Awards）：最高提供 500 英鎊，程序簡便，適合剛形成構思、想測試市場溫度的社會創業家小試身手。

做做看獎（Do it Awards）：提供給已有明確的執行計畫，準備成立社會企業者。獲獎平均為 2,500 英鎊，最高給與 5 千英鎊資金。

自力獎（Build it Award）：適合營運觀念已經熟成，願意冒險犯難追求成長的社會企業家，或是從其他獎項得主轉化而來。此獎項通常給予最有潛力的社會創業家，以發展成較大的規模，但未必一定要達到全國規模。最高獎金可以達 15,000 英鎊。

樂高獎（Fast Growth Award）：顧名思義，此獎項是頒給希望企業快速成長的創業家，最高可達 20,000 英鎊。

2008 年以來，英國衛報（The Guardian）也與 UnLtd 合作，成立衛報社會企業獎（The Guardian Social Entrepreneurship Awards），總獎金為 50 萬英鎊，每年有上百名社會創業家獲獎。此外，衛報還歸納出五個常見於獲獎社會企業的特徵讓有心創業者參考：

· 促進創新活動（Emerging young activists）

· 改善民眾健康（Transforming people's health）

· 具有對環境保護的熱情（ Passion for the environment）

· 團結社區意識（包括和難民合作）（Bringing communities together <including working with refugees>）

· 為了達成社會理念而獲利（ Making profits for social purposes）

就在凱薩琳的詳細解說中，時間飛逝，而且已過下班時分，櫃臺小姐早已準時下班離去，而我們也累了，倦了。於是，離去前，大夥就梳洗一番準備去覓食，此時，化妝室傳來一陣急促的警報聲，大家面面相覷，不知所以，還準備分組下樓疏散。凱薩琳很鎮定的說，也許是誤拉沖水線。原來，嘉偉誤將洗手間內的紅色的警報拉線，當成是電燈開關，就給它拉下去。

我想，嘉偉也累了。每個旅人的背上，都有不知名的疼痛。尤其在六天內完成緊湊且緊張、馬不停蹄的旅程。

SMaRT：幫助身心疾病者重回職場

SMaRT汽車修理廠（SMaRT garage services）是我們在倫敦的最後一個行程，拜訪完後，晚上8點就要搭機離開倫敦。在倫敦的最後一天，感覺很微妙。似乎開始融入倫敦的步調與景觀，大夥也更熟稔、團隊默契更佳，但是，又覺得離開台灣很久，有點想歸鄉的感覺，就在那麼一點熟悉與些微的陌生之間，來到了旅途的尾末。

看了政府部門的社會企業政策說明；到過全英國最大的社會企業倡議組織SEUK；也與大誌投資的董事長奈吉爾．克蕭碰面，談社會投資的架構與做法；也去看了鼓勵青年創業的共同工作空間HUB Westminster；也訪視了直接以資金贊助社會創業家的UnLtd，似乎還少了以身心受限者為對象的社區型社會企業。於是，SMaRT汽車修理廠就成了我們社會企業之旅的最後一個單位。

以具社會意識的責任交易，讓弱勢者重返職場

SMaRT汽車修理廠（SMaRT garage services）座落在社區，以社會企業型態經營。SMaRT是第一步信託（First Step Trust，FST）的註冊商標，意思是「具有社會意識與責任交易（Socially Minded and Responsible Trading ™）」。這是從2006年以來，第一步信託逐步發展出來的營運模式。

第一步信託在1987年創立於格林威治，是一個強調創新的慈善信託，目的是藉由經營社會企業的方式，來提供身心障礙者、藥物酒精成癮者、更生人以及其他社會弱勢者，能夠在現實商業環境中，獲得就業與訓練的機會，最終得以進入一般職場工作。

2012年9月倫敦市副市長參觀過SMaRT汽車修理廠後，大力稱讚第一步信

託所採行的 SMaRT 汽車修理廠模式，幫助倫敦地區身心受限者重回職場。市長包里斯·強森（Boris Johnson）更大力讚揚第一步信託不只提供技能訓練，更涵蓋餐飲、修車類別，尤其是「具有社會意識與責任交易（Socially Minded and Responsible Trading™）」的修車廠模式，不只是一種創新做法，更可以永續經營，為身心受限者創造更多的工作機會。

第一步信託設立一個以志願服務為基礎的營商環境，由志工擔任老師，指導在社會排除邊緣的進用人員，以便從實作中逐步累積工作經驗、獲得自信、技能與證照資格，盡可能將在 SMaRT 的過渡性習作，轉換為進入其他職場的能力，得到薪資正常的工作。

然而，SMaRT 不只是提供的弱勢者在汽車修理廠內的工作與技職訓練而已，同時還有其他個人化服務，讓他們有更多機會融入社會，提昇生活品質。例如，提供在一般企業的工作安置，藉由接受訓練、考取證照以及有薪工作，成為具責任感的工作夥伴，獲得與工作團隊成員、供應商與消費者互動的機會，拓展人生的可能性。

連鎖多角化經營，讓職涯輔導更有彈性

除了修車廠以外，在 SMaRT 模式的多角連鎖運作下，已發展出餐廳與外燴服務（Abbevilles Restaurant and Outside Caterers）、早餐店（SMaRT Venue Coffee）、設計與印刷廠、園藝與水電裝修等等。此外，也採差異化的行銷策略，鎖定特定消費族群，如，提供女性基本車輛維修課程的 SMaRT Women™，藉以擴增女性開車族群使用進廠維修服務。

因為擁有不同型態的商業組織，SMaRT 在進行就業安置時有更多的彈性，例如依照員工個人特質或興趣所在，從修車廠換到餐廳工作，或是園藝與印刷工廠。

過去幾年來，藉由勞動來增進工作技能、正向心態、人際互動，並輔以適性依能的彈性安置系統，來整合身心疾患者與邊緣者的 SMaRT 模式，吸引越

來越多政策專家、專業醫護人員以及相關人士的注意，想要確認此一模式是否能夠真正幫助人們恢復健康，並返回工作崗位。數據顯示，在第一步信託所進用的人員中，有 50% 的人已失業至少五年，而 61% 的人達到英國社區精神疾病照顧服務系統所臚列的不同類型病患，同時，有 78% 的人被認為最不具有求職條件，但因此計畫而受益。SMaRT 模式不只是一種創新做法，更可以永續經營，為身心受限者創造更多的工作機會。

SMaRT 的價值：企業、賦能、就業、尊重、尊嚴與責任

我們也想要知道第一步信託是怎樣做到的？

要去取經，不管中外的章回小說、遊記，通常得要跋山涉水，歷經險阻，越過人心的罣礙畏怖，才有究竟圓滿。想要去了解 SMaRT 汽車修理廠的社會企業型態，也得搭地鐵的 Jubilee line 行到倫敦東南——第 2 區的盡頭。

倫敦被分為 9 個旅遊區，地鐵費率的高低，隨著跨區的多寡而增加。第一區是倫敦最中心的部分，大部份的景點也都分佈在 1、2 區內，而我們去拜會的單位也都座落在 1、2 區內，因此，我們就用 32 英鎊買了在 1、2 區內不限次數，隨意搭乘一周的 Week Traveler Card，存進倫敦地鐵的儲值卡 Oyster Card 中。如果不小心越區，就得另外支付車資。

倫敦地鐵儲值卡之所以稱為 Oyster Card，一方面是用來寓意 Oyster Card 裏面的個人資料，像是被牡蠣殼保護的明珠一樣非常安全：另一方面，泰晤士河以前以牡蠣生態豐富聞名，再加上莎士比亞的《溫莎的風流娘們（The Merry Wives of Windsor）》中有句已成為英國諺語的經典名句：「世界是我的牡蠣（The world is my oyster.）」，鼓勵人們——世界已掌握在手，敢於探索，勇於享受，因而得名。

當我們從北格林威治站（North Greenwich）出來到地面，就看到 2012 年夏季奧林匹克競賽場地 The O2 Arena 在左側。12 根 100 公尺高的鋼桅，讓整個運動場看起就像是太空船。整個泰晤士河南岸的北格林威治，就像是一個

星艦基地。

我們分成兩車到 SMaRT 汽車修理廠的所在地。接待解說的是第一步信託的行政主管羅尼．威爾森（Ronnie Wilson）。羅尼操蘇格蘭口音，相當豪爽的漢子。年輕混過街頭，環顧當年同伴，覺得自己幸運存活，這就是為何他如此專注於將社會邊緣人重新納入社區的志業。羅尼強調，他們不是慈善單位，SMaRT 模式幫助那些由國家健康服務系統（National Health Service，NHS）治療完畢，對有工作意願的人，施予實地的訓練，重新整合入正常職場。也因此，SMaRT 的價值在於：企業、賦能、就業、尊重、尊嚴與責任。

因為參訪空間狹小之故，我們分成兩組，一組參觀 SMaRT 汽車修理廠，一組參觀第一步信託的財務行政中心。修車廠非常乾淨，依據色塊線條來管理工作區、電腦檢驗區，以及顧客警戒線區。有條不紊、程序簡單、說明清楚，這更是吸引女性顧客的重要方式，辦公室門口還貼著一張「性感女仕認可（Foxy Ladies Approved）」的女性友善貼紙，吸引女性顧客上門。而第一步信託的財務行政中心，負責所有轄下單位會計事務，人員也都跟修理廠員工有相同背景，因為接觸會計事務，反而更能親近商業市場運作的習性。

羅尼不時問我們，要不要和進用人員談一談。給我們倒咖啡的人員，相當高

SMaRT 汽車修理廠內空間乾淨俐落，井然有序。

大也很健談，時常問我們喝完了嗎？要不要再一杯？他自己說，他以前是患有強迫症的電腦工程師，現在每天在此與人接觸聊天很棒。另一位年輕小夥子，以前有精神官能症，藥物治療穩定後，看到這計畫，就投身一試。他覺得這地方像大家庭一樣，讓他很穩定且自信的想去工作。

以清晰定位營造競爭力的 Abbevilles 餐廳

訪問完 SMaRT 汽車修理廠之後，羅尼請我們去同為第一步信託經營的 Abbevilles Restaurant 吃午餐，路上開車經過保存完整的巴洛克式建築——舊皇家海軍學院（Old Royal Naval College）以及皇家格林威治天文台——

Abbevilles Restaurant 的內場就和 SMaRT 汽車修理廠一樣乾淨整潔。

同樣由第一步信託以 SMaRT 模式經營的 Abbevilles Restaurant。（攝影／黃佳琦）

格林威治標準時間（Greenwich Mean Time，GMT）的家鄉。本初子午線從此過，是零度經線，往東是東經，往西是西經，全球 24 個時區以此為準，東西經各 180 度的交會點在廣闊的太平洋，就是國際換日線。1884 年格林威治標準時間成為全球通用標準時間的起點，當然反映當時大英帝國海權霸主的地位。

儘管身在充滿著歷史感的事物旁，但是，我們也只能匆匆一瞥，無緣下車看看這歷史以及美麗小鎮。到了餐廳，宴席相當豐盛，每逢上菜，佳琦總是拿起 iPad 猛拍，回台灣後成為一系列六百多張的照片日記。餐廳室內外場工作人員各 4 名，其中 6 名曾有精神方面的問題，然而，上起菜、倒起酒水，招呼客人也井然有序。

羅尼問我們，要不要去廚房看一下。Abbevilles Restaurant 的內場相當乾淨，簡直就是修車廠的翻版。廚師很年輕，也很害羞的跟我們打招呼、合照。

我問羅尼，何以將餐廳設在這樣一個許多不同移民聚居的地方？他說，這本來是間經營不善的餐廳，第一步信託接手後，轉變成一家特色的在地餐廳。中餐時分，只有我們一桌，我不禁擔心起營運狀況。羅尼說他倒不擔心，假日與晚上的用餐人潮很多，而且外燴的收益占整體營收的大部分。對社會企業型態的餐廳而言，重點不是地點，而是餐廳的公益定位，餐廳所提供的價位是附近居民可以負擔的。

我問，這樣會不會造成附近餐飲店更強的競爭？

Ronnie 說，其實並不會，因為雖然有些進用人員帶職訓練，而有資格接受政府方案補貼，但補貼的內容不是薪資，而是在此地帶職學習的通勤費用。餐廳的價格具競爭性，是因為餐廳有清晰的定位，知道客群何在，而不是受政府補貼之後以低價進入市場。低價不能久遠，往往招來更強勁的削價競爭，這不是他們能負擔得起的競爭方式。餐廳的定位就是 SMaRT 模式的社會價值。

不管是個人或是企業，使用所有 SMaRT 旗下連鎖商店的產品與服務，就是支持 SMaRT 模式，就是支持這批人士返回社會的努力。而所賺的錢也是回到第一步信託的初衷，第一步信託必須要有盈餘來支付讓這批進用人員實習、訓練的場地與管銷費用，否則，到最後又變成慈善模式，並沒有改變什麼。

聽了這番說法，不禁覺得應該邀請羅尼來台灣參加多元與培力就業方案撰寫說明會，親身說給有志於發展成社會企業的 NPO 主管們聽。

參觀完後，與餐廳大夥告別合照，在餐廳的留言簿寫下：我們來自台灣。

倫敦的旅程接近尾聲，大夥搭地鐵回旅店，嘉偉、我、雅雯與佳琦去找郵局寄出明信片。然後分組搭計程車到機場。通關退稅，等航機，逛商店。

也是該回家的時候了。

社會企業標章：建立消費者辨識與信任的認證機制

隨著社會企業蓬勃的發展，社會企業突然成了吸引社會大眾目光、以同理心消費來支持社會價值的代名詞。不管是企業還是非營利組織，都會想要藉由「社會企業」這個名稱得到公眾信任及正面形象。

英國政府對社會企業沒有法律定義，只有政策定義，因此，也不能排除組織自我宣稱自己是社會企業的狀況。再者，日漸蓬勃發展的社會企業幾乎涵蓋各式產業，從健康與社會照顧到再生能源、從居住問題到教育等等；組織形態也各有不同——如社區利益公司、信託、合作社、社區企業、庇護工廠等等，規模從只有一人的單人樂隊，到擁有 91,000 名員工的約翰路易斯合夥公司（John Lewis Partnership）皆有。社會大眾面對如此多樣的社會企業，難免花花綠綠，無從區分社會企業與一般企業的差別。

因此，社會企業是否應該如同公平貿易標章一樣，發展出一套社會企業標章出來證明其純度與成份？這個問題在英國社會引發許多討論，正、反方各有道理。贊成標章認證者主張，如果消費者沒有可靠的方式辨認社會企業、能輕易誤導，將助長投機者利用社會企業之名義不正當獲益，降低社會企業這個名稱的公信力，從而增加真正社會企業募款與交易時的困擾。而反對者則對實施方式提出一連串質疑，如：認證標準是甚麼？由誰來認證？費用如何計算？是否足夠支持認證單位？如果企業已經有了公平貿易認證，是否還需要社會企業認證？

民間自主的「社會企業標章」認證應運而生

雖然社會的討論並未止歇，不過，民間事自有民間的出路，大路向天，各走一邊。為了讓大眾更容易辨識出社會企業，民間自主的「社會企業標章（Social Enterprise Mark）」認證應運而生。

2010年，「社會企業標章」由RISE（Regional Infrastructure for Social Enterprise Ltd，RISE）以及SEUK兩個組織聯合設立。成立之初，是兩個組織另外成立的認證服務部門，而後因RISE停止運作，只好轉型改以社區利益公司型態運作。SEUK也從2013年起，發揮其強大的會員組織力量，推動「購買社會價值」行銷活動、建構社會企業的供應鏈，以因應已然成形的社會企業產業範疇。

在2011年時，共有450家社會企業參與社會企業標章認證。經由審核後發給標章，並建立英國社會企業地圖，不只可以讓消費者或採購者清楚辨識社會企業組織與產品，也讓社會企業強化品牌價值及商品定位，建立信用度，進而達到促進公益消費與採購的目的。

對消費者而言，有社會企業標章可供辨識，不僅能保障購買的是具有商業倫理的商品，也可直接檢視生產者與原料來源，讓具有社會效益的產銷過程清晰可見，有點生產履歷的味道。而公部門行政主管或是私部門採購經理，也可以清楚看見社會企業所達成的社會效益，進而決定是否採購特定社會企業的產品或服務。尤其2013年1月通過「社會價值法案」後，公部門必須將供應商的社會效益納入採購考量，更有助於社會企業參與公共服務的發展。再者，社會企業也能辨識出其他社會企業，進而將不同產業類別、不同組織型態的社會企業鍊結成供應鏈關係。

藉由社會企業標章幫助消費者、一般企業、各級政府辨識社會企業，不僅區隔了社會企業與NPO、支持社區活動的私人企業等不同的組織型態，也確立社會企業以商業手法來解決社會問題的本質：在市場競爭的基礎下，建構品牌識別、品質認證、承諾社會與環境保育價值與責任。

標章申請著重建立信任、程序簡化

「社會企業標章公司」在社會企業管制官在2013年的年度報告（2012年4月到2013年3月）中，說明轉型成為社會利益公司之後這一年間，財務幾乎可以達到收支平衡。目前持有標章的社會企業已達600家，而這些標章企業的平均顧客忠誠度達 74%，貢獻 54 億英鎊經濟產值。這意味著經由標章識別有助於企業更會建立品牌辨識，也有助於進入可以持續經營的營運模式。

社企話題

從「社會企業標章」型態看靈活的社企運作型態

創立「社會企業標章」之一的 RISER 是英國區域發展署（Regional Development Agency, RDA）在 2003 年 3 月，為支持英格蘭西南地區社會企業發展而成立的組織。

RISE 因為政府預算緊縮，2011 年 11 月宣布停止營運。RISE 的財務狀況並不差，在停止營運時還留有近 39 萬英鎊的準備金，資產價值約有 3 萬英鎊。也因此 RISE 宣布關門，引起各界議論政府縮手不管。當時衛報就評論，社會企業不應是自外於公私部門的汪洋孤島，如果政府不能協助公私部門，於採購時獲知服務或產品是否來自社會企業，或是以其他配套政策支持，就很難期待社會企業擴大發展，生根社區。

而 RISE 關門後，除了依法將組織資產改組成為 RISE 遺產信託（RISE Legacy Trust），連帶將原本非營利性質的「社會企業標章」轉型為社區利益公司（Social Enterprise Mark CIC），由 RISE 遺產信託管理，SEUK 則自此退出社會企業標章公司的管理營運。社會企業標章公司的利潤，也依循社區利益公司的相關規定，用於發展英格蘭西南地區的社會企業，讓 RISE 的成立初衷得以延續。

RISE 的曲折故事，說明發展社會企業的確不是件容易的事，在初發展階段，尤其需要政府的倡議與支持，帶動民眾與商業的參與。而社會企業標章，就是確保社會企業成為值得信任的品牌。

面對社會企業標章的運作愈趨完備，外界的回饋相當正面。來自一家提供醫療健康服務的社會企業公司—— Integrated Care 24 的馬克・雷諾茲（Mark

Reynolds）博士表示，獲得標章不僅確立組織「病患優先」的信念，更證明社會企業能在有限的資源下，為病患提供最好的醫療服務。社會企業標章公司的管理主任露西・芬德利（Lucy Findlay）指出，標章的影響不僅止於組織內部，更將信任、自信往外擴散到病患、員工以及社區之間，型塑了高度的消費忠誠度。這樣的狀況也影響了教育部門，不僅在學生與員工之間，發展出社會企業的信念與文化價值，也發展了在地社區的社會企業支持系統。

由於社會企業的組織規模通常不大，標章驗證若是過於繁瑣，對社會企業會造成相當大的負擔，因此，大部分的資格檢視都是根據組織既有的文件，既不限於單一法定格式，也不採單一標準評估社會效能，而是以滿足下列 6 項標準為原則：

1. 有達成社會／環境使命的明確目標。

2. 屬於獨立事業，而非公部門或大型組織轄下的計畫部門。

3. 50% 以上的收入透過交易而來，而非政府補助。

4. 50% 以上的獲利投入其社會或環境使命目標。

5. 組織解散時，將依據社會或環境使命目標來分配剩餘資產。

6. 能夠提出達成社會或環境使命的證明。所有的標章申請者都必須簽署同意力求社會效能極大化，環境損害極小化。

為了驗證這 6 項標準，社會企業需要準備的證明，多是組織章程或其他管理規章、向主管機關申報營收的資料、財務紀錄或是財務規劃等文件。而在確認是否達成社會效能方面，「社會企業標章公司」會邀請第三方驗證。而這裡的第三方，通常是由供應商、消費者和政府以外的公正獨立實驗機構或審核單位來負責稽核。

至於申請的資格也相當簡易。若是新設且已登記的公司、已經開始營業的，必須滿足第 1、2、4、5 項標準，並提供事證如：帳戶號碼、前一兩年的營收與預算、營運計畫書、各種契約影本、各種贊助的來源、價值與期限等等文件。但第 3 與 6 項標準並非不必檢驗，而是必須在發給標章的 18 個月內滿足這些標準。

申請表經由線上申請送出，社會企業標章公司收件後先進行書面評估審核。如果申請企業所準備的文件，沒有確實符合前述 6 項標準，或者在認定上有模糊之處，就由法律、業界與社會專家組成小組審查，確保能夠精準的反映社會企業與所處環境的關聯，以保證審查的一致性與可信性。不管如何，審核是否通過都會在兩週內決定。

一旦通過審核，必須依據公司規模繳交不同的認證費用後，發給標章（收費標準參見下表）。參與認證的公司每年都要接受社會企業標章公司的查核並更新標章，而每三年則進行一次大查核。

由於社會企業的特徵之一，就是將獲利持續投入社會與環境使命上，因此，即使沒有盈餘，一樣可以申請標章；不只如此，慈善組織只要收入 50% 以上是透過交易而來，也可申請標章認證。

• 社會企業標章費用表

年度營收 Annual income	費用（增值稅另計）Fee （+ VAT）
少於 £150,000	£350
£150,001 – £500,000	£450
£500,001 – £999,999	£550
£1,000,000 – £4,999,999	£690
£5,000,000 – £9,999,999	£1,200
£10,000,000 – £14,999,999	£2,000
£15,000,000 – £29,999,999	£3,000
£30,000,000 及以上	£4,500

單位 : 英鎊

第三部 英國社會企業經典範例

大誌集團：從關懷遊民開啟的多元事業

如果想要了解典型的英國社會企業，大誌一定會被放在口袋名單中。大誌成立的初衷是，解決1990年代倫敦街頭遊民充斥的問題。1991年，美體小舖共同創辦人高登．羅狄克從紐約市販售街報的案例得到靈感，找到老友約翰．柏德執行一個用商業模式解決社會問題的點子。藉由出版一本兼具娛樂性與社會萬象的雜誌，讓街頭遊民合法販售，賺取收入，改善生活，同時也因遊民擁有販售者（vendor）身分，而能找回自信，重新回轉社會職業之列。

雖然這兩位老友自1967年相識以來，就喜歡抬槓鬥嘴，嘲弄彼此立場相左的政治態度，對於出版這件事卻是一拍即合。高登表示，約翰曾經無家可歸，流浪街頭，入獄被關，但能照顧好自己。而約翰則是一聽到慈善就火大，因為他認為慈善的給付方式不對，人應該要透過勞動來完成自我。他不僅經營過出版事業，也算是個寫手，是非常腳踏實地的人。這些人生經歷，就是讓大誌得以運作的要素。

銷售模式，給予街友支持而非施捨

約翰認為，傳統慈善團體用慈善的方式，給與餐點、熱食、救濟品，並沒有解決問題，只是無條件的付出同情。而遊民之所以為遊民的主因，在於無法翻轉改善個人財務問題，他們最需要的就是工作機會，從工作賺錢中，重獲獨立，找回社會生活。

大誌雜誌此一助人自助、兼具社會與財務融入（inclusion）特性的商業模式，運作設計很簡單；要成為大誌的販售者，首先需要證明自己無家可歸，或者瀕臨流落街頭，之後接受訓練與實習，並簽署行為公約，完成後，會給予一些免費的大誌雜誌上街頭販售，賣出後，再以販售所得的金錢購入下一批大誌雜誌，此時，購入成本為售價一半。以英國每份售價 2.5 英鎊為例，大誌的販售者每賣一份即可獲得 1.25 英鎊。雜誌賣得愈好，收入愈多。20 多年來，大誌模式幫助成千上萬名無處可棲的街友改善生活處境，目前全英國約有 2,000 名街友幫大誌工作。

而雜誌本身，經過 20 多年來的發展，也以異議、另類、獨立報導，以及巨星專訪而聞名。目前，在英國每周約可販售 55 萬份，雜誌販售佔總收入約 80%，廣告佔 20%。相同的模式也被轉引到海外，約翰尼斯堡、東京、雪梨、伯斯、聖保羅、首爾、奈洛比，以及台北（創立於 2009 年）都可以看到大誌的運作模式，但是雜誌內容各自不同。

儘管大誌獲得相當的成功，但也不是一帆風順。創立第一年後，曾經一個月虧了 2 萬 5 千英鎊。高登告訴約翰，你有三個月的時間打平開銷。約翰回公司後開除了 10 個人，因為雜誌成長太快，只顧擴編，未慮及成本與收益。這段期間，也發生過監守自盜事件，也遇到社會大眾直接將錢給販售者，卻不拿雜誌，導致販售者荷包增加，雜誌銷量減少的問題。約翰擔心人們不經意的行為，又將販售者變回乞討的身分。而這扭曲的發生也許是整個行銷策略過度傾向販售員的街友議題，而忽視讓雜誌活力充沛所需的經濟利益泉源何在。

集團化發展，大誌基金會與大誌投資深化社會效益

大誌所做的不僅止於此，要幫助遊民遠離無處可依的處境，增加收入只是第一步。大誌成立登記在案的慈善機構——大誌基金會（The Big Issue Foundation），更進一步提供有關居住、健康、財務獨立、個人規畫等的諮詢，並轉介預防貧窮的服務。約翰曾粗略估計，英國犯人在監獄關上一年，要花掉英國政府 35,000 英鎊左右。與其投入大量社會資源進行矯正治療、處遇和緊急應變的方法，倒不如從貧窮的源頭防治起。

而逐步發展出來的大誌集團（The Big Issue Group）更強化了以商業手法解決社會問題的品牌能量，尤其是與皇家蘇格蘭銀行共同成立的大誌投資（請

見本書第二部），提供基金給其他社會企業，讓以商業模式解決社會問題的社會企業，深入更多不同的領域。從 1995 年就開始與約翰共事的大誌集團主席奈吉爾・克蕭表示，大誌投資是大誌集團在社會投資方面的手臂，支持擴大英國社會企業規模的計畫。

大誌不僅成就了一個由使命驅動的事業（mission-driven business），也展現社會事業可以當成可獲利的事業來經營。

社企話題

大誌基金會多面向改善遊民生活

不同於大誌雜誌與大誌投資，大誌基金會定位為慈善機構，而非社會企業。大誌基金會資金上與大誌雜誌獨立，大部分款項來自個人、慈善組織捐助與事業收入。旨在幫助大誌雜誌的街頭販售員改善生活，期望最終能脫離無家可歸的流浪處境。而基金會所提供的幫助囊括許多層面，包含經濟援助，協助販售員的日常生活以及應付突發狀況；提供金融資訊，增進販售員的理財技巧；幫助販售員取得諸如租屋等服務，都是讓遊民遠離接投的必要措施。另外還有健康方面的協助，基金會每年會舉辦一次「健康週（Health Week）」，促進販售員維持各方面的健康狀態，以及增進販售員取得醫療資源的可能性。

2013 年影響評估顯示，總共有一萬一千英鎊投入支持販售員計畫，嘉惠 250 名販售員。整體來看，平均每人的成果效益支出成本為 228 英鎊，在難以募款的環境下，具有相當優異的成效。基金會所服務的人數從 2012 年的 1,900 人上升到 2013 年的 2,500 人。

大誌的創立，是建立在自助助人基礎上的社會實驗。既要雜誌因編得好而賣得好，也讓消費者因為可以幫助遊民自助獨立而購買。相同的購買行為，成就了改變社會與財務收益的雙重目標。《大誌》的各國版本編務獨立，因此內容也五花八門，各自擅場，各領風騷。唯一相同之處為運作模式：招募街友作為雜誌販售員，並與販售者五五拆帳。

大誌關注的不只是街頭販售員的經濟、身體狀況，同時也在乎街頭販售員的自信及尊嚴。這也是大誌採用雜誌販售形式的原因：販售者除了一開始的第一批雜誌能免費取得以外，其餘都必須以批價進貨，同時自行思考銷售方式與策略，因為大誌提供給街友的不是金錢而是工作，街頭販售員為大誌的顧客（customer）而非客戶（client）。大誌相信的是「把手舉起來，而非把手伸出來（A hand up not a hand out.）」。藉由合法、相對穩定的工作收入建立自信，讓街友找出脫離無家可歸狀態的道路。

貝露水：百分百獲利投入護水

貝露水（Belu Water）是英國第一個友善環境的碳中和瓶裝水公司，為了達成減少碳旅程的目標，貝露水在英國生產，不外銷，製造時儘可能使用回收材質製罐，強調百分之百的碳中和。若無法達到百分之百的減廢排碳時，也採取碳補償的概念，來吸收製造過程所排放的碳量，平衡碳對環境的壓力。

貝露水以降低境衝擊的方式，經營瓶裝水事業，在 2011 年 6 月時，承諾將所有利潤捐給援水慈善基金會（WaterAid）的潔淨用水計畫，保證 1 年 10 萬英鎊的捐贈。最初三年已捐贈了 555,662 英鎊，幫助世界上最窮國家總共 37,044 人改善用水衛生的處境。結合公益與商業的社會企業做法，讓時代雜誌說，再也沒有比貝露水更環保的瓶裝水。

轉換旁觀者立場，以商業解決環保問題

貝露水由曾經擔任過記者、紀錄片製片與導演的里德．佩吉特（Reed Paget）創立於 2002 年。佩吉特是美國人，1968 年生於西雅圖。他所執導拍攝的電影《美國護照（Amerikan Passport）》獲得 1999 年 Slamdance Film Festival 最佳紀錄片。從影之後的工作也都還在媒體傳播的範疇內，曾參與過拍攝 1996 年美國總統大選的政治競選影片、擔任頻道壹新聞（Cable One News）的攝影師，並為聯合國拍攝環境保育影片。

讓佩吉特從電影轉行到環保事業的轉捩點，是幫聯合國的環球公約（Global Compact） 工作。目的是將殼牌石油公司、耐吉、克萊斯勒等國際公司聚在一起，和國際特赦組織（Amnesty International）、人權觀察（Human Rights Watch）以及野生動物基金（World Wildlife Fund）坐下來討論，商業能否介入解決全球的社會與環境問題。結論是，儘管商業與非政府組織各有不同議題，卻有相同討論與合作的基礎。

是否要像新聞記者一樣旁觀報導，並對商業社群指指點點？如果自己成立公司，從環保的觀點來經營又會如何？如果成功的話，是否就可以證明從商業市場，改善環境問題的潛力？這些讓佩吉特不斷陷入思索。在聽了一場前美國總統克林頓的演講，提到全球有 25% 的人無法接觸到乾淨水源，他決定以水來象徵地球的生命活力，用瓶裝水來支持清潔用水計畫。

以貝露水（Belu）為名，是取自藍色（blue）以及義大利文漂亮（bella）的意思，用來闡明公司的三重使命，不只提供乾淨的飲用水源，更是可以洗淨雙手，以及保健衛生教育。而把產品打入市場貨架上，不單擁有募集資本的能力，更重要的是提高民眾對於地球水資源的問題意識。

獲利全歸公益的設定，尋求資金難度更高

最初佩吉特想像 Evian 礦泉水一樣，提撥 5% 到 10% 的利潤給清潔用水計畫。但是，貝露水給的利潤一定比不上國際知名的 Evian，而且從消費者的角度來看，別人給 5% 到 10% 利潤，若你給 100% 利潤，傳播護水的理念肯定更具說服力。決定了全部利潤提撥後，真正的挑戰來了。貝露水的行銷故事好得不得了，消費者也認同這個完全公益、沒有私人利益的慈善事業，然而，沒有利潤，等同於失去各種資助新創事業的資金來源。

佩吉特認為，他本身的專長是媒體傳播，對於商業事務一竅不通，一開始連行銷與廣告的差別分不清楚，所幸，當時有五個重要步驟才能走到今日的地步：

1. 創造力：事業剛起步，沒錢就不能請專家，得看書問人，自己動手來。由於佩吉特曾擔任過製片，所以，進入快速消費的產業，從產品設計、銷售、分銷到財務都有令人創新，出人意表的想法。

2. 自信：在尋求協助過程中，擁有自信以及寫一封好信的幫助不小。他曾到全球第三大的瓶裝公司去談構想，當時連商標名、瓶身設計都沒有，卻和總經理面對面座談想法。而對方也很認真的看這件事，聽完構想後直接告

知，當佩吉特準備好瓶身設計再回來時，他們願意以何種價格承製。

3. 尋求免費資源：在創業初期的奔波中佩吉特發現到，許多人與組織很樂意幫助實現你的構想。因此，他組織了一個支持者社群，結果這社群發揮極大功能，各種形式的援助不斷，從財務、商標到辦公室設計，應有盡有。佩吉特找到一家名叫「如果……會怎樣？（？ What If ！）」的創新公司，也有相類似的點子。當下，他們決定，三個臭皮匠，勝過一個諸葛亮，於是，直接在倫敦找上頗負國際盛名的路易士莫比利設計公司（Lewis Moberly Design），答應在完全免費的狀況下替貝露水設計瓶身。

4. 實踐：像凱撒準備攻進羅馬城時，用越過盧比孔河（crossing the Rubicon）來表示破釜沉舟的決心，經過 8 到 10 周不眠不休的挑戰，真把第一瓶貝露水給做了出來。當貝露水被英國高級連鎖超市衛羅士（Waitrose）列出上架販售日期時，貝露水仍還只有瓶身模型，工廠連個影子都沒有。但是，許多關心的人都緊張的來看進度，當他們看到貝露水已竭盡心力，卻捉襟見肘，決定不讓貝露水止步於此，全力對外募足資金，進入工廠生產瓶身。

5. 準備犧牲奉獻：佩吉特兩三年來不眠不休，一周工作七天，臉上充滿疲憊倦容，他有時想，如果找一個正常公司的工作，正常休假，也許會有一些存款，一幢房屋、一輛車子。在貝露水工作，上述連一項也沒有，甚至不能帶女友外出吃頓晚餐。作為一個創業家的美妙之處，就在於你技術上可以隨時休假，可是，一旦你去休假，大概一切都四分五裂。佩吉特當時想，長時無薪的工作不會太久，而如果將所在的倫敦和那些沒有乾淨飲水可用的國家相比，感覺就好太多。

佩吉特在創立貝露水的過程中所遇到的眾人，後來都加入成為創建貝露水的推手，包括，美體小舖的創辦人高登．羅迪克、大誌創辦人約翰．柏德、環保人士班．高史密斯（Ben Goldsmith）、著名的慈善行動家、經營兒童投資基金（ Children's Investment Fund）的避險基金經理人克里斯．庫柏－霍恩（Chris Cooper-Hohn）、「如果……會怎樣？」創新公司、克理福．強斯國際律師事務所（Clifford Chance）、路易士莫比利設計。

貝露水達成多項環保里程與倫理標準

貝露水不出口產品，以降低碳里程數，不僅願意讓適合的社會企業家，複製貝露水的模式，也鼓勵其他飲品相關產業降低對氣候變遷的衝擊。因此，貝露水一開始上市時，社會使命很清晰、而且公司由貝露水基金會百分之百持有，利潤走向明確，從製造生產、配銷運送過程的碳排放，所產生的環境衝擊都經過評估計算。2010 年到 2012 年間，從改善製造到配銷過程，每公升降低 22% 的碳足跡量，使用更可回收的塑膠材質，並降低玻璃的重量。所有產品的碳足跡，皆計算出碳排放量，與碳清楚管理顧問公司（Carbon Clear）合作，找出最合適的碳補償方案，已達到最佳的環境保育與社會利益目的。

2006 年貝露水發售可分解的塑膠瓶裝水，用最新科技來支持減碳計畫。水體來自國內鄉村地區的 Shropshire、Cambridgeshire、Powys 等地，可分解的塑膠瓶是由來自美國內布拉斯加州的玉米漿製成。而可分解瓶身的供應廠商包括位在美國明尼蘇達州，使用 100% 每年可再生植物資源為原料，生產低碳足跡聚合物的自然產品公司（Nature Works）、星球友善產品公司（Planet Friendly Products）以及位在美國科羅拉多州，全球第一家使用玉米為原料，製成可分解瓶身的 BIOTA 泉水公司。瓶身埋在土中可在 8 到 12 周之間分解，貝露水成為英國第一個使用可分解材質的瓶裝水公司。

貝露水總共創造了幾件新鮮事：

1. 創造英國第一瓶碳中和礦泉水。

2. 使用並推廣非 PVC 材料製成的瓶蓋。

3. 獲利全數投入贊助清潔用水計畫。

4. 創立至今，總共幫助 4 萬人獲得乾淨水源。

5. 創造第一個由玉米漿做成，而非來自石化原料的瓶裝水瓶身。

金融危機衝擊，重組營運模式

貝露水的營收成長迅速，自 2004 年的 8,000 英鎊，成長為 2008 年的 270 萬英鎊，產生足夠的盈餘捐贈給援水基金會。然而，2008 年的金融危機、銀行體系崩解，貝露水遭受池魚之殃，同時也須面對飲料市場的高度競爭。2010 年，貝露水營收不足賠錢。因此，佩吉特隨即任命前巴克萊銀行行銷經理凱倫．林奇（Karen Lynch）擔任總經理，重組營運模式。

凱倫上任後進行一系列重要的營運變革，將原來的直接銷售，改為批發方式進入市場，並採用新科技，繼續維持領導市場使用回收材質地位，重新包裝品牌，讓捍衛水資源的倫理品牌意識更清晰，結果營收成長了 40%。佩吉特指出，要管理階層放棄獲利極大化（maximize profit）的思維，是一項挑戰。所以，貝露水需要靠強而有效率的銷售模式來紓解生產成本的壓力。

社會企業的營運，必須在使命與營運間保持平衡點。在創投市場上，傳統創投對於私人投資獲利的要求，與社會企業獲利再投入公益的做法存有落差，縱使創投者有意願投入以商業手法維持環境利益的模式，他們往往也會在環境利益與盈餘獲利間，選擇後者。

因此，社會企業的資金奧援往往只能靠少數的天使基金，或是像美體小舖的共同創辦人高登．羅狄克，以及支持投資社會企業的大誌投資公司等，願意稍微勒緊肚皮，共體時艱，以換取長遠環境利益的投資者。支持貝露水公司的眾多人士，都在尋求鼓舞人心的公司營運模式，像是美體小舖拒絕以動物來實驗公司產品，以及像保羅．紐曼創立的紐曼公司（Newman's Own），將公司大部分的利潤捐給慈善組織。

社企
話題

碳中和、碳補償與碳足跡

「碳中和」指的是為了達到零碳排放的目標，先計算本身活動的二氧化碳排放量，再藉由減量活動減少排放，到無法再減為止。不能減少的排放量則由碳補償的方式，來維持整體碳排放量零增加的標準。

「碳補償」則是透過自身行動，或碳補償服務者代為處理，而達到減少淨碳排放量的過程。碳補償的方法相當多，植樹、使用再生能源及能源節約作為補償方式是普遍的使用方式。其中也包括排放額度交易，即向碳排放量低於目標額度的組織購買碳排放額度。

而「碳足跡」指的是一項產品或服務活動的整個生命週期過程中，直接與間接產生的二氧化碳排放量。一般而言，能源消耗愈多，二氧化碳排放愈多，碳足跡也愈多。

供應指標性客戶，從社會企業範疇邁入大眾市場

佩吉特除了創立貝露水之外，也在2005年創立了生態瓶蓋有限公司（Ecocap Ltd.），取得新瓶蓋設計專利，加強瓶蓋的回收率。並擔任「只有一個地球創新基金會（One Earth Innovation，2010年創立）」的執行長。佩吉特說，對既有市場的營運模式造成破壞，以創新事業領導創造性破壞就是他的目標，透過設立具有環境意識的事業，並證明可以在市場上競爭存活，就可以影響、改變整個商業行為，往環境永續之路前進。

貝露水亦擁有社會企業標章認證，除了供應同是社會企業的傑米．奧利佛的15餐廳、義大利連鎖餐廳琦琦（Zizzi）之外，在2013年還贏得英國國會上下議院，總共2年10萬英鎊的飲用水供應契約。國會的採購導因於2008年時，外界批評國會使用的瓶裝水欠缺環保意識。採購社會企業產品，不只拉抬SEUK的購買社會價值行銷活動，也鼓勵消費者與廠商選擇具有倫理意識

的商品，讓環境或是社區得利，更直接支持了 2013 年初實施的公共服務法案，鼓勵社會企業加入供應公共服務的行列。

在 2012 年到 2013 年的社會影響報告中，貝露水的營運模式，從生產製造到包裝配銷的供應鏈廠商，乃至於援水基金會，總共創造了 29 個全職工作，分別是，貝露水的 7 名員工、生產與配銷 12 名、行銷人員 6 名、援水基金會 4 名。貝露水與援水基金會的夥伴關係，贏得由乾草市場媒體集團（Haymarket Media Group）旗下，《第三部門雜誌（the Third Sector）》所舉辦的 2013 年事業慈善獎項下的，小型企業慈善夥伴獎（Business Charity Awards: Charity Partnership - Small Businesses）。援水基金會的企業夥伴匯豐銀行（HSBC），與摩根大通銀行（JP Morgan）的員工餐廳，都指名使用貝露水。連鎖超市森寶利（Sainsbury）也跟進販賣。

貝露水逐步從社會企業範疇邁入大眾市場，呈現獨特的競爭力，也持續深化其所樹立的環保價值。2013 年，貝露水與玻璃瓶包裝老製造商羅林斯（Rawlings）、以及專注永續性的玻璃製造商歐文斯伊利諾（OwensIllinois,OI）共同開發英國最輕的玻璃礦泉水瓶。羅林斯藉由其玻璃瓶製造商的創新技術，將舊有 750 毫升與 330 毫升玻璃瓶的重量減輕達 20 公克。這意味著貝露水一年可以減少使用 85 萬公斤的玻璃，等於是 210 萬支酒瓶，可以減少 11% 的碳排放量。

此一瓶身被標以倫理玻璃，但不會只供應給貝露水而已，也同樣供應給其他礦泉水公司。而每賣出一隻瓶身，援水基金會就會獲得 0.3 便士的捐贈，一年約可獲得 325,001 英鎊。羅林斯公司的總經理湯姆．伍德（Tom Wood）與貝露水的執行長凱倫．林奇，都表示這次的合作是降低環境衝擊的成功模式。貝露水的環境意識與理念，羅林斯的製造專業，讓倫理玻璃的願景成為可能。

佩吉特在 2008 年被施瓦布基金會（Schwab Foundation）選為年度社會企業

家（UK Social Entrepreneur of the Year 2008）。在 2007 年到 2010 年之間擔任內閣辦公室的社會企業大使。

社企話題

援水基金會致力提供貧窮地區安全飲水

獲得 Belu Water 捐贈的國際非營利組織 WaterAid 創立於 1981 年，最初是由英國製水產業所成立的慈善信託基金，致力於幫助人們脫離貧困以及解決沒有乾淨、安全用水導致疾病的問題。全球辦公室設在倫敦，到 2013 年服務已經涵蓋全球 27 國。1991 年威爾斯親王擔任總裁，更使得清潔用水計畫推展快速，2003 年的衣索匹亞計畫，更影響 5 萬人的飲用水取得。從 2011 年以來，Belu Water 已經捐給 WaterAid 基金會 35 萬英鎊。為了更有效率的分配 Belu Water 的捐贈，Belu 基金會也應運而生。

Cafédirect：夥伴關係 vs. 公平貿易精品

Cafédirect 不只是英國公平貿易的先鋒，更是以公平貿易認證的品牌，與大公司進行激烈市場競爭的社會企業。Cafédirect 只和小農直接合作，與大型國際企業的全球供應鏈比起來，就顯得像是大衛與歌利亞的不對稱戰鬥。

隨著公平貿易運動在英國的蓬勃發展，良心消費主義興起，與對環保的重視、血汗工廠產品的反感，導致許多大公司以及主要的超市通路，如 Sainsbury，Waitrose，Co-op，M&S，Tesco 等，也嗅到倫理市場的商機，紛紛銷售公平貿易模式生產的商品。到 2011 年產值已經高達 13.2 億英鎊，英國也成為世界公平貿易商品最大的國家。在市面上可以看到公平貿易商品種類，從咖啡、可可、巧克力、茶，糖、香蕉、芒果、蜂蜜、果汁、乾果、糕餅等農產或加工品，延伸到棉布、家具用品、美容沐浴用品，以及手工服飾、珠寶等商品。Cafédirect 不只在意產品的價格，更在意生產者以及產品如何製成，雖然引領了英國公平貿易運動的發展，卻也因為公平貿易的風潮興盛，而面臨激烈的競爭。

跨國大公司把持價格，咖啡小農遭剝削

全球約有 2,500 萬咖啡農，其中三分之二在不超過 5 公頃的小型農場內工作。咖啡經濟產值每年高達 6,500 億美元，還以 15% ～ 20% 的速度成長，然而咖啡豆價格幾乎都控制在購買量佔全球咖啡豆產量一半的五大咖啡商：雀巢（Nestle）、寶僑（P & G）、莎莉（Sara Lee）、卡夫（Kraft）以及以德國市場為主的 Tchibo 手中。透過全球貿易網路以量制價，壓低收購價格，導致咖啡小農的勞動所得，遠遠不及咖啡終端零售市場價格的 1%。縱使咖啡價格下跌，這些跨國企業仍賺取可觀的利潤。

1989 年，美國宣布退出國際咖啡協議，咖啡豆生產國也因豐收，而開始不

理會出口配額協定，增加出口數量。讓發展中國家政府為發展經濟償還外債，也在世界銀行的支持下，擴大種植咖啡豆面積，造成咖啡豆產量增加，價格下跌的惡性循環。

社企話題

創立 Cafédirect 的四家慈善機構

這 4 家組織各有不同特色。牛津樂施會（Oxford Committee for Famine Relief，Oxfam）從事濟貧事務的歷史最悠久，由貴格教派教士在 1942 年創立於牛津（Oxford），最初幫國際紅十字會募款，為二戰歐洲被納粹德國占領的國家，運送醫療、食物物資。二戰後，成為英國最重要的救災濟荒組織。目前在英國有 700 家店鋪，線上商店也販售超過 10 萬件的二手衣物、書籍與音樂以公平貿易商品。

創立於 1979 年的公平貿易組織 Traidcraft，最初從事郵寄公平貿易手工藝品服務，1982 年拓展食品服務，1987 進入服裝事業，目前下轄 Traidcraft 有限公司，負責在英國境內銷售公平貿易商品。

Equalt Exchange 成立於 1979 年，最初是教育慈善組織，負責協助非洲的弱勢生產者。與其位於倫敦的姊妹組織 Campaign Co-op，一起成立 Campaign Coffee Scotland（CCS），買進非洲坦桑尼亞的即溶咖啡。1990 年進行結構重組，將合作社從教育慈善組織中分隔開來，Campaign Coffee Scotland 變成 Equal Exchange Trading。目前透過批發網路經銷公平貿易商品，並供貨給獨立的食物小舖、餐飲店、以及專門有機商店。

成立於 1985 年的 Twin Trading 有限公司，原本在英國從事技術與資訊移轉給發展中國家，之後發現，他們所移轉的最重要知識，是有效率的貿易能力。因此，開始進口非洲與拉丁美洲國家生產組織所生產的果醬、蜂蜜與核果，從事公平貿易產品的批發、零售、配銷等業務。

Cafédirect 成立於 1991 年，由英國的 Oxfam、Traidcraft、Equal Exchange Trading 和 Twin Trading 等四個長期對發展中國家手工藝產品進行公平貿易的慈善機構，為了因應 1989 年的全球咖啡價格崩盤，改善當時咖啡小農處境而組成。4 家慈善組織分別持有 Cafédirect 約 1/4 的股份。直接繞過中間商，向秘魯、哥斯大黎加與墨西哥等三個國家，購買咖啡小農所生產的咖啡豆，經烘焙後透過教會與慈善市集擺攤販賣。

比公平貿易更進一步的「生產者夥伴計畫」

Cafédirect 所執行的公平貿易運作型態，越過中間商、加工廠及出口商，直接與生產國中的農民或勞動者所組成的合作社接觸，以保障的價格收購其產品，確保農民能夠回收成本，持續生產。

在公平貿易體系中，此一保障的公平價格由公平貿易標章組織（Fairtrade Labelling Organization，FLO）的標準小組（Standards Unit），參酌生產者進行永續生產所支付的成本，並與其他買家與利害關係人協商後制定，確保生產者不論性別，都能得到合理公平的價格或工資。同時，也要求所有的咖啡農，必須向公平貿易標章組織註冊，由公平貿易標章組織負責認證與標章工作，以確保消費者可以買到真正的公平貿易商品，並保障生產的品質。Cafédirect 與農民，都必須接受公平貿易標章組織的公平貿易基本規範。

此外，咖啡生產者還有「社區發展金（social premium）」的額外收益，可用來改善生產力和社區生活。即使國際農產品市場價格下滑，仍能保障農民的最低收入。

然而，Cafédirect 認為，公平貿易體系中的最低保障價格與社會基金兩大原則，還不足以保障農民生活，公平貿易的最低價格（ Fairtrade minimum price ）是一種地板價格（floor price），且農民還需要更積極的以諮詢、輔導、陪伴的方式，來支持生產組織提高收益，以維持公平貿易認證費用、強化組織內部的領導與運作效能、提高生產品質，並能對未來的不確定性因素，如氣候變遷所可能引起的風險，進行預防。因此，Cafédirect 採取「黃金標準（Gold Standard）」的商業模式，以比一般公平貿易更高的標準來對待南方國家的農民。「黃金標準」的商業模式包含夥伴關係（partnership）、採購（purchasing）與所有權（ownership）等三項要素。

Cafédirect 與生產者的長期夥伴關係，是建立在信任、透明與承諾之上。一旦，生產者進入 Cafédirect 的供應鏈中，就會獲得技術與財務上的投資，強化生產效率，提高競爭力。Cafédirect 從 1996 年開始施行「生產者夥伴計畫（producer partnership programme，PPP）」，目的在強化生產者與夥伴組織的效益，透過計畫的執行，不僅回轉更多利潤給生產者、生產組織以及社區，也拓展了 Cafédirect 的業務。

保障小農的黃金標準：夥伴、採購、所有權

在採購方面，Cafédirect 對於咖啡、茶與可可的收購保障價格，比公平貿易標章組織的標準還高。以咖啡豆而言， Cafédirect 所制定的價格為：阿拉比卡豆每磅 1.26 美元、羅布斯塔豆每磅 1.06 美元。當咖啡的市場價格超過上述定價時，Cafédirect 另支付給生產合作社，高於市場 10% 的社區發展金，用來改善社員維持生產品質的需求。

此一政策不僅適用在有意願種植有機與精品級咖啡豆的小農，確保其銷售價值，更配合「生產者支持與發展（Producer Support and Development）」計畫，針對與 Twin Trading 合作的生產組織，各自量身訂作適合生產組織形態的管理訓練、諮詢輔導、市場訊息，以及與發展事業相關的活動等。從 1996年開始施行的「生產者夥伴計畫」，除了延續將盈餘再投入生產者身上，以高於公平貿標準的條件收購農產品，增加小農收入，更注重改善健康、投資教育、重視水土保持與水資源的有效運用，甚至找回世代相傳的咖啡種植方法，與咖啡農業所處的生態系統能夠永續協作，提升咖啡農業的品質。

Cafédirect 的生產者夥伴計畫，將至少 33% 的獲利，重新投資在供應鏈的生產組織上，主要目的在於讓生產組織中的農民，能夠透過此一賦權計畫，自主決定投資方向、盈餘運用，自我設定指標、提出影響報告。為了更強化生

產者的權益，在供應鏈與行銷組織間，協調出更一致的發展目標。

Cafédirect 在 2004- ～ 2005 年會計年度間，創造了 3,388 萬美元的營收，2005 年 4 月第一次發放股利。Cafédirect 的從 2004 年開始，將公司股份發售給 Cafédirect 利害關係人，不僅讓工作夥伴、消費者、員工、創辦人和其他投資者可以持有股份、分紅，更在公司治理上擁有發言權。目前，Cafédirect 公司有兩席董事由咖啡小農擔任，75% 的生產夥伴持有公司股份，所回捐給公司的利潤，均透過支持 Cafédirect Producers' Foundation，來改善生產者的生活。基金會與 38 個咖啡、可可與茶的生產者組織與合作社協同工作，範圍遍及中南美洲、亞洲與非洲的 18 個國家，影響約 28 萬農戶、超過 180 萬人的生計。

透過 Cafédirect 商業模式中的三種機制，創造了明確的社會與經濟效益：以高於市場的價格保證收購咖啡、生產者夥伴計畫投資而且強化供應商的事業經營能力、透過基金將資源移轉給在地生產者自行運用。也因為此一生產者夥伴計畫的商業模式，照顧了事業、社區與家庭等三種層次，讓 Cafédirect 在 2011 年 5 月，獲得英國衛報永續事業經營獎（Guardians Sustainable Business Awards）。衛報的評審指出，生產者夥伴計畫的模式不是附屬在事業經營之下，而是將生產者真正整合進入事業經營鏈之中。

不只是供應者，也參與公司治理

Cafédirect 所面對的競爭對手，都是典型跨國公司。Cafédirect 要走出一條不同的道路，勢必從差異化的競爭角度著手，切出利基市場。因此，Cafédirect 為了做出產品市場區隔，行銷上強調完美的咖啡始於完美的咖啡豆，透過咖啡小農的精心種植、烘焙師的選焙、研磨，而沖泡成口感如絲綢般順口，綻開香氣飽滿的咖啡。

目前 Cafédirect 主要有 3 個品牌：Cafédirect 烘焙咖啡、Teadirect Tea 以及 5065 即溶咖啡，並與 13 個國家的 38 個生產者組織合作，影響 1,800 萬人的生計。

Cafédirect 原本設定，每年捐出三分之一的利潤給生產者，但幾年下來都回饋都超過利潤的 50%。而架構在雙向溝通上的機制，讓咖啡小農的角色也不僅止於原料供應者，更是具有公司股東身分的雙重夥伴關係，可以參與從公司治理到產品設計等事務，甚至擔任董事，縮短生產者與銷售者之間資訊不對稱的處境。也正是此一模式的透明與資訊自主特性，讓 Cafédirect 相當重視影響評估。

過去幾年來，Cafédirect 贊助了 9 個獨立的影響評估案，用來評估自身的營運模式，以及在全球各區生產者夥伴計畫的執行效益。2009 年更全面評估所有 39 個合作夥伴，並以評估的資訊來修正營運模式、擬定未來 3 年的環境影響策略、並進行公司所有權（ownership）轉向以生產者經營為基礎的變革。

社企話題

公平貿易基金會：運用認證保證品質

1992 年，公平貿易基金會（Fairtrade Foundation）在英國成立，主要由 Christian Aid、OxFam、Traidcraft 以及 World Development Movement 所發起，運用認證公平交易標章的工具，一方面向消費者保證產品品質；另一方面，形成生產者組織及其網絡的夥伴關係，既喚起公眾認同公平貿易消費意識，也運用市場需求的力量，讓生產者得以擴大銷售其產品。

基金會一成立，Cafédirect 立即獲得英國第一個公平貿易認證，也成為一家完全販售公平貿易認證飲品的公司。產品不只有咖啡，還包含茶與可可。英國 Safeway 以及 Co-op 兩家全國連鎖零售商，率先讓 Cafédirect 的商品上架，並熱銷達 12 個月之久，讓 Cafédirect 成為第一個獲得全國經銷合約的公平貿易品牌。經過 20 餘年的發展，Cafédirect 和非凡巧克力（Divine Chocolate）現在是英國公平貿易商品市場上的雙強。

業務擴展面臨更高商業化挑戰

Cafédirect 改變了咖啡小農的貧窮處境，小公司成就了大典範，顯示此一模式所帶來的社會、環境與經濟的效益。公司規模不是問題，價值才是重點所在。儘管如此，Cafédirect 的社會企業模式並不是一路順暢。一開始進入商戰市場後，隨著公司業務拓展，成本也水漲船高，急需現金周轉。曾經擔任美體小鋪區域行銷經理的潘妮．紐曼（Penny Newman），在這樣的情況下銜命接掌執行長一職。她認為，咖啡是快速消費品，主流大公司挾其價格優勢，不僅讓零售商店內的貨架競爭格外激烈，而且逐步切進到公平貿易市場，侵蝕原有的利基市場。為了與之競爭，公平貿易咖啡也必須要好看（look good），好吃（taste good），而且能很迅速的從貨架上賣掉。

Cafédirect 不僅必須以更商業化，而不是慈善組織的風貌來面對競爭，更必須考慮到消費者層面的需求與認同。紐曼一方面從強化品牌意識、拓增產品線著手，一方面深化 Cafédirect 保障農民的核心價值，支持農民發展學習型訓練。例如，農民想要咖啡賣得更好，Cafédirect 就提供管理課程，讓他們從農民身分變成咖啡賞味者，如此一來，農民在種植時就會在意品質好壞。同時，也可以教他們在地行銷，打入產地國的超市。紐曼在她任期內所做的變革，讓 Cafédirect 成為公平貿易運動的旗艦品牌，在公平貿易咖啡市場內，市占率達將近 40%。

在咖啡的品質方面，Cafédirect 深具信心，到目前為止已獲得 22 次美味大賞（Great Taste Awards）。得獎意味著產品與眾不同，消費者所獲得的口味是真正可以掛保證，而不只是行銷口語。

Cafédirect 作為公平貿易的領導品牌，並不滿足於公平貿易的價值，除了繼續拓展與小農更直接的夥伴關係，輔導脫貧之外，更往減少產品碳足跡的方向發展。為了達到英國食品雜貨業，在 2005 年所達成的自發性節能減碳共識——Courtauld Commitment 中，所設定的 2010 到 2012 年減碳量的目標，Cafédirect 使用 100% 可以完全回收或分解的包裝材質。自 2013 年開始，

Cafédirect 也將環境與社會效能策略，整合成完整的永續發展策略，以因應全球氣候變遷。

公平貿易的風潮也吹向台灣，2013 年，台北市的金山南路有了全台首間公平貿易超市，惠康百貨也在同年 12 月起和台灣的公平貿易品牌——生態綠咖啡合作，成為全台第一個販售公平貿易商品的連鎖通路，全台 260 家頂好及 7 家 JASONS 超市，都買得到公平貿易咖啡。

伊甸計畫：重現自然生態的奇幻園林

英格蘭西南部，康瓦爾半島的康瓦爾郡，離倫敦雖有點遠，得花5小時的車程，但是，三面環海的康瓦爾半島，可以欣賞到北面布里斯托海峽，南接英吉利海峽，西臨大西洋的海岸岬角風光。這裡氣候比英格蘭其他地區暖和濕潤，多雨卻氣溫宜人，適合草木生長，春天時碧草如茵，大大小小不同類型的花園眾多，有英格蘭後花園的稱號。

伊甸計畫就座落160年歷史的廢棄黏土採集場上，呈現巨大白色泡狀的外型、循地勢而建的溫室花園充滿現代感。而失落的海利根花園占地200英畝，依照百年前的風貌，修復成生機盎然，繁花似錦的奇幻園林。不管是現代與古典的獨特形態，令人不得不到此一遊。兩者都是康瓦爾的重要觀光地標。

塵封在歷史中的海利根花園

海利根花園在未「失落」前，是由亨利．霍金斯．特勒蒙（Henry Hawkins Tremayne）從18世紀中葉起開始設計興建，在康瓦爾語裏，Heligan是柳樹之意。在19世紀時已建有當時最盛行的園藝庭林式植物花園，自海外殖民地送回多樣的奇花異木，在擁有相關培育技術與高密集勞動力的園丁照顧下，不僅被具有經濟價值，也展現園藝的細膩巧思。杜鵑與山茶花系完整，蔬果區盛產鳳梨、桃、瓜果、葡萄、奇異果等，尤其是在寒帶氣候下，人工培育熱帶鳳梨的技術，這是當時難得一見，充滿手感技藝的園藝博物館。

第一次世界大戰時，園丁員工均被徵召到歐洲作戰，只有少數生還，一戰後的花園已無舊時王謝堂前的流金時光。緊接著二次大戰，因附近潘特灣的海灘地形，與日後英美盟軍登陸諾曼的奧瑪哈海灘頗為類似，遂充當美軍模擬登陸之練兵駐地。1970年，地主特勒蒙家族出售宅邸後，海利根花園因乏人照顧，逐漸被遺忘而歸於平淡，成為荒煙蔓草之地。

提姆・史密（Tim Smit）搬到康瓦郡定居，原先只是想在農莊中設立一間錄音室，因而與當地從事營建業，對園藝也很有興趣的約翰・尼爾森（John Nelson）結為好友。尼爾森卻發現緊鄰史密新居隔壁被湮沒的花園是「睡美人」，歷史可以回溯到12世紀。於是約史密到這座維多利亞風的巨大花園中看個究竟。一進入這片野地莽園探險，覆蓋在層疊交錯的蔓藤與荊棘之下，枯樹橫空，綠林當前的竟是一個沉睡、失落的世界。史密第一眼就無可救藥的愛上這片既繁盛且衰頹的奇幻森林。

成為英國最受歡迎私人花園

為了找回海利根花園失去的繁盛，史密和尼爾森向當時擁有產權的特勒蒙家族信託，租下了花園地產，進行有關海利根花園的歷史研究。

史密與特勒蒙家族成立信託所控制的地產公司合資，成立公司營運失落的海利根花園。尼爾森本身對園藝也相當有興趣，完全投入重建花園的庶務工作，史密則負責對外募款，資金來自鄉間委員會（Countryside Committee）、英國遺產（English Heritage）、康瓦爾郡議會（Cornwall County Council），以及民間的大小企業。

1991年花園工程接近完成時，BBC來到花園拍攝了重建過程的紀錄片，大量人潮開始湧入，因為，BBC忘了在片尾說明花園尚未對外開放。1995年，拜訪失落的海利根花園遊客超過20萬人，成為英國最受歡迎的私人花園。史密將重建經過寫成《失落的海利根花園（The Lost Garden of Heligan）》一書。這本書在1997年也得到英國年度圖書大獎（Illustrated Book of the Year 1997 at the British Book award）。2002年又出了海利根蔬菜聖經（The Heligan Vegetable Bible）。

史密很好奇人們喜歡造訪失落的海利根花園的原因。他發現，在海利根花園裡，植物介紹不用拉丁文學名，而是以軼聞故事來描述植物，這些故事不是貴族爵爺的歷史，而是尋常園藝工匠，透過與自然植物的互動所開展的故事。這樣的觀點讓他開始思考，要創立一個能夠敘說人類如何依賴植物與自然世界的地方。

呈現人對自然植物的高度依賴關係

史密在重建海利根花園時，經歷到人與植物的生命互動樣態，雖然從 20 世紀觀點來重建花園，多少帶點修復傳統的被動味道，但是，19 世紀的花園卻也帶著以人力控制自然的味道。這也觸發他構思伊甸計畫，思索如何以更積極的態度，更有系統的規劃一個具有現代保育感的植物花園，展現人如何運用科技能力，與自然和諧相處、相互依賴。他認為伊甸計畫不應該是很傳教式的，用「不應做這，禁止做那（Don't do that）」的語句塞給遊客許多知識，而是用「何以不用這方法試試看？（Why don't we do it this way?）」來呈現人如與自然諧作共處。史密將伊甸計劃稱為「植物的活劇場（a living theatre of the plants ）」

為了實現伊甸計畫，史密對外招募不同專業領域的人才，組成經營團隊，並花了 8 千萬英鎊請建築師尼古拉斯．格里姆修（Nicholas Grimshaw）設計，並由兩家營建公司費時 18 個月，蓋了兩個透明泡狀、由多角形格子組合，且內部不需支柱的圓頂溫室花園，遠望就像科幻片外星人的基地。

兩個溫室花園分別以溫帶，與熱帶雨林植物為主題，溫室氣候全部依據不同需求而控制，重現不同生態氣候以創造生命搖籃，重新感受人與自然植物的依賴關係。007 龐德電影《誰與爭鋒（Die Another Day，2002）》也在此借景拍攝。

夢想雖然遠大，也很與眾不同，實際的起步工作卻也很艱難。史密從千禧年委員會申請到贊助款，但是，贊助條件是委員會贊助多少英鎊，伊甸計畫也要相對提出一樣多的經費。因此，史密得再對外募款 3,700 萬英鎊。建設伊甸花園的經費來源，分別有以英國大樂透基金為主的千禧年委員會（Millennium Commission）4,300 萬英鎊，以及歐洲經濟復甦基金（European economic regeneration funds）1,200 萬英鎊，私募基金有 2,000 萬英鎊，其他則有 1,500 萬英鎊。史密彷彿像是格林童畫所描寫的彩衣魔笛手，吸引了政府部門、民間許許多多的人，跟著投入實現一個不可能的夢想，如此改寫商業規則的做法，讓他贏得康瓦爾郡的理查·布蘭遜（英國維珍集團執行長）的稱號。史密在 2005 年也出版了《伊甸（Eden）》這本書說明伊甸計畫的興建過程。

世界第八奇景：環境生態與社區營造

以伊甸為名，著眼於地球上所有的生命，都緊緊依賴植物而開展。伊甸計畫在 2001 年對外開放，被喻為是世界第八奇景。

伊甸計畫定位在環境教育中心，園區的主題放在教育與學習（如，針對大眾、各級學校、公司行號與個人的園藝教學與體驗）、創造更強的社群關係（如，2009 年起舉辦，與你的鄰居一年至少共進午餐一次的 The Big Lunch 活動，現已傳習成為全國運動；或是一起改變社區綠美化空間、資源回收、改善巴士路線、共同經營社區店鋪的睦鄰計畫）、活化社區（以園藝的核心能力為學校、公共設施進行園藝綠化工程）以及對抗氣候變遷（發展網路線上互動式的碳足跡工具，立即查詢碳對氣候變遷的重要性）。園區有超過百萬株的植物，共有 4,000 多種稀有植物，金氏年鑑紀錄為全球最大的溫室。

伊甸計畫是由伊甸信託（Eden Trust）所成立的子公司——伊甸計畫有限責任公司（The Eden Project Limited）來管理經營，管理階層都需向信託委員會負責，以便委員會確認管理方向是否符合信託目的。而伊甸基金會除了支持公司營運之外，更負責研究、開發、教育、創新、試驗新觀念與導入新計畫。

由於伊甸計畫是個具有教育慈善性質的功能性組織、同時也是社會企業，要求滿足人（People）、地球（Planet）、利潤（Profit）3P 底線的要求。建造之初的外界募款，支應了園區內硬體設備的支出入園門票與相關收入，已足以支付貸款與設備維修之用，並將獲利再投入維持伊甸計畫所架構的生態教育脈絡與教育計畫之中。對外進行募款活動所得款項，則用來支應相關慈善目的的教育活動。

2007年11月，伊甸計畫獲得社會企業標章認證，更清楚的與其他私人競爭者劃出區隔。伊甸計畫的年度營收約在1,900萬英鎊之譜，其中75%收入來自遊客入園消費，25%來自舉辦搖滾、爵士音樂會、商業販售活動以及伊甸信託的捐贈。

伊甸計畫在2001年3月對大眾開放，6月即超過百萬名遊客，2008年7月更達到千萬名遊客的里程碑。2012年10月被票選為全英國最佳旅遊景點，而獲英國旅遊獎，2013年蟬聯獎項。伊甸的高名氣，帶給康瓦爾郡10億英鎊的經濟效益。

面臨10年榮景後的瓶頸

但是，有些顧客抱怨，成人23.5英鎊，5歲到16歲9.5英鎊的入員門票太昂貴。雪上加霜的是，伊甸計畫在2012年到2013年3月間的入園遊客未達百萬人，收入較上年度短收630萬英鎊，因而裁員70人。

一間公司如果已經有10年榮景，通常就會以為維持往常營運模式即可，伊甸花園似乎也陷入如此的困境。也因此，伊甸信託也隨即回應營運不振的問題，立馬調整了史密與蓋娜兒・科萊（Gaynor Coley）兩位聯合執行長的職務，史密調去擔任伊甸新生信託（Eden Regeneration Trust）主席，同時也任命4名經理人強化伊甸計畫有限責任公司的營運機制。目前伊甸計畫仍有445名全職員工。

遊客數量衰退自然引發一些爭議，諸如，政府補助過多，從2001年到2009年之間，伊甸計畫接受公部門與千禧年委員會的補助，約有1億3千萬英鎊，康瓦爾議會130萬英鎊，但在2010到2011年的會計年度中，依然出現了2百萬英鎊的赤字。西南區域發展署（the South West Regional Development Agency，現已裁撤）亦曾贊助支持，也指出伊甸貢獻超過10億英鎊的地方經濟產值。面對這些質疑，史密點出，英國境內的主要計畫，都由議會撥用土地與贊助款項支持，並且康瓦爾議會伊甸計畫的是一般商業利率，以杜悠悠之口。另一方面，他也強調伊甸計畫在意地方經濟是否繁盛，尤其企圖透過藝術、戲劇、故事的詮釋與溝通，來應用科學的概念，讓人們改變生態的觀點，同時促進地方經濟。伊甸計畫所堅持與呈現的，是以優質的商務來實踐永續生存，以及建立未來的公民價值。

對於未來社會企業的發展，史密認為，應該是混合公部門與私人資本投入的結構，如此才可能以薪水的誘因，找到好的管理人才，畢竟每個人都希望有所回報。而他理想中的社會企業運作模式，是證券化的模式，就像足球俱樂部販售季票一樣，先付款保障球賽座位。

2014 年，伊甸計畫設置了地熱系統，供應花園電力與熱氣，史密也打算到內蒙這樣一個不可能之地，設置一個新伊甸計畫。有人問史密，從他一生走到目前的經歷來看，都是從事創新與破壞既有的商業模式，實現毫無把握、不可能實現的夢想，曾經有過懷疑嗎？史密說，沒有，打從做音樂開始，他就知道，如果你真的對某些東西很喜愛且執著，而你也不是懦夫，大概就知道，有成千上萬人跟你一樣喜歡這些事物，這就是市場行銷的基礎，保持驚奇的態度，勇往直前。

Elvis & Kresse：廢棄消防水管成為時尚精品

Elvis & Kresse 是一個以公益為名，異軍突起的綠色時尚品牌。由現為夫妻的克蕾絲．衛斯林（Kresse Wesling）與詹姆士．漢瑞提（James Henrity，品牌名中的 Elvis 則是他唸大學時的暱稱）創立於 2005 年。一開始，只是很單純的要解決如何再利用工業廢棄物的問題，結果竟偶然從再利用倫敦消防隊的廢棄消防水管開始，一路發展成為具有強烈環境意識的綠色時尚品牌。

克蕾絲出生於加拿大，1994 年搬到香港，畢業自香港聯合世界學院（United World College）。克蕾絲相信可以透過商業的力量來改變世界，2001 年在香港創立了環保包裝公司 Bio-Supplies，幫客戶包裝減量。克蕾絲在香港遇見來港工作的詹姆士，兩人在一場派對上一見鍾情。詹姆士出生於倫敦，是一名工藝師，2004 年，克蕾絲跟著詹姆士回到英國，2005 年春，創立了 Babaloo 公司，製造、販售可以讓母親與兒童使用的環保產品。這是克蕾絲創立的第 2 家公司，而 Elvis & Kresse 則是她創立的第三家公司，當然跟也環保有關，不過，卻一頭引領了綠色時尚產業，並成為全球品牌。

初試啼聲，廢消防水帶找第二春

故事起於 2005 年，克蕾絲參加了一場有關 ISO14000 環境管理標準的稽核課程，遇到幾位倫敦消防隊隊員，閒談中提到，已使用 25 年、即將被淘汰的消防水帶，無法以傳統的方式回收再利用，只能夠掩埋處理。於是，克蕾絲要求隊員帶她去現場看看。隊員就帶她到克羅伊頓消防隊（Croydon Fire Station）的消防水帶堆置場地，她看到一捲捲堆疊如山、閃著明亮紅色的水帶，覺得簡直是帥呆了。

克蕾絲當時拖著一條 22 公尺、髒兮兮的消防水帶，坐公車回倫敦。一到家就問當時還是男友的詹姆士，要怎樣利用這些消防水帶。詹姆士聽了大笑數聲，因為，他也不知道可以怎麼運用。克蕾絲陸陸續續搬回許多廢棄的水管，堆放在住處花園角落，一直思考著如何重新賦予新生命。

最先的想法是，將能防火也防水的紅色水帶，裁切成鋪設在屋頂上的瓦片狀。但是，在紫外線曝照下，材質容易退化，而且若要當成屋頂瓦片來推廣使用，數量也不夠。之後，試著做成女用皮包，試了很多不同款式，前前後後經過約 2 年時間，都在找出利用這批水帶的方法。直到 2007 年，詹姆士有一次準備出門前，腰間皮帶突然啪搭一聲斷了，於是拿了消防水管裁切了一條代用，這總算替消防水帶找到了用途。

幾天後，克蕾絲的朋友打電話來說，Live Earth7 月 7 日要在倫敦舉辦音樂會，他們擔心他們在現場販售的東西不夠環保，不符合演唱會主題，想問克蕾絲是否能幫點忙。

克蕾絲看著詹姆士正在修補一條皮帶，立刻答應說，可以提供很棒的皮帶。當時她正想著，再沒有比用倫敦消防隊的廢棄水帶，加工設計成的新皮帶，更符合環保意識的商品了。克蕾絲幫詹姆士用剪刀裁剪水帶，第二天手指頭痛到伸展不開，所以，就花了 40 英鎊購買一部迴轉式裁切機，用來製作第一筆 Elvis & Kresse 的皮帶訂單。

社企話題

Live Earth：用音樂愛地球

Live Earth 是由艾美獎製作人凱文・沃爾（Kevin Wall），與前美國副總統高爾（Al Gore）所創公司舉辦的音樂會，試圖透過超越文化與社會的娛樂力量，促使全球社群重視氣候暖化的問題。2007 年 7 月 7 日是第一屆舉辦，在全球 11 個地點，共有 150 項音樂演出，並透過電視、收音機與網路匯流技術實況播出。

詹姆士先做了 50 條，每條賣 25 英鎊，結果供不應求，全部售光。Live Earth 的幕後團隊還要求克蕾絲，在 3 周內做出 500 條皮帶販售。結果總共賣了 500 條皮帶。

獨一無二，品質至上

第一批皮帶售完後，就確定了 Elvis & Kresse 的發展方向。除了繼續製作皮帶之外，也開始製做皮包以及其他配件。所有 Elvis & Kresse 的產品本身、包裝與標籤都是手工製作，獨一無二。因為水帶本身受到風吹雨打、日曬雨淋，沒有兩條水帶會有著相同的紅色，所以，也沒有兩條皮帶是相同的顏色。因裁切位置不同，成品上頭有些有製造標記，有些沒有。。儘管每條皮帶或是皮包都很獨特，唯一共同點都是很耐用。包包的縫線來自降落傘、廢棄裝潢飾物等，包裝則用上了被丟棄的鞋盒。

儘管製作流程有點繁瑣，詹姆士與克蕾絲都堅持，Elvis & Kresse 的品牌價值是使用回收材料、堅持品質與豪華時尚，這件事沒有妥協的餘地。雖然 Elvis & Kresse 是定位在時尚，但，並不是指價格高不可攀，而是指精美工藝、製作者的奉獻與熱情。他們想用幾乎百分之百的廢棄物料，透過工藝設計，製作堅固耐用的物品。

清理水帶上的污垢必須要花很多人力與時間，因此，必須要想辦法反應如此勞力密集的成本。然而時尚產業容許錯誤的空間很小，品質不佳就賣不好，如果不是一件好產品，再怎麼強調綠色環保的成分，再怎麼賣力行銷，也賣不出去。環境倫理是 Elvis & Kresse 的商業基礎，回收利用廢棄物料是 Elvis & Kresse 存在的理由，這兩個基礎並不會影響 Elvis & Kresse 生產實用、創新與品質合一的產品。當品質一出來，產品就會賣，Elvis & Kresse 將產品、顧客與環境連結起來，透過綠色消費，讓顧客的消費意識更要求環境創新的產品與服務。克蕾斯用提升循環與再改造兩個概念，來形容他們將工業廢棄物經過加工後，重新蛻變成為嶄新、充滿價值的環保商品的工作與模式。

2007 年 9 月，Elvis & Kresse 登記為公司，販售由詹姆士所設計的皮帶，並在倫敦消防隊的網站上銷售，而Elvis & Kresse的設計走向，則設定為不退流行的古典風格。克蕾絲從沒想過會在時尚界工作，但也覺得時尚產業適合她發展，為了打進包包市場，了解市場的趨勢，她與詹姆士經常流連各種商店，疲勞轟炸店家有關服飾包包的各種問題；設計新產品時，尤其會到倫敦兩家百年以上店齡的百貨公司——哈洛仕（Harrods）以及賽爾福吉仕（Selfridges），觀察或直接詢問消費者的購買意見。他們發現是皮夾與包包是銷售最穩定的物品，尤其是手提包、單肩斜背包、行李包，就決定做這兩樣產品。

取之於消防隊，獲利半數回饋

Elvis & Kresse的營運模式很簡單，透過設計的力量，將工業廢棄物，如消防水帶、咖啡麻袋，轉化成為具有時尚感的服飾配件，並將半數獲利捐給成立於1943年的倫敦消防隊（London Fire Brigade）慈善基金，幫助受傷的救火員以及強化他們的家庭支持。這樣的模式強化了Elvis and Kress的品牌公益形象：大家都尊敬消防員，而產品的材料來自於消防隊用來打火救命、一起出生入死的消防水帶，本身就有很濃郁的故事性。

而且，消防單位還是提供消防水帶的來源，從經營角度來看，保有原物料來源的網絡關係至為重要，因此選擇將獲利回饋給消防隊可說是合情合理。Elvis & Kresse也同時幫消防隊解決了惱人的廢棄消防水帶的問題，不然他們還得要付錢來掩埋這些廢棄水帶。克蕾絲認為，將50%的獲利捐贈給消防隊慈善基金的價值無法衡量，既維持了供應關係，也幫助銷售。剛開始的時候，消防隊根本不相信這模式可以回捐，不過，隨著克蕾絲開始邀請救火員參加產品發表會，倫敦消防隊開始大力支持，參與行銷活動。倫敦消防隊的支持網絡，以及克蕾絲與詹姆士兩人創立的社會企業營運模式，所代表的綠色環保意識與產品，構成了驅動Elvis & Kresse品牌與收益的兩大動力。

Elvis & Kresse第一年的營收為8千英鎊，賠錢。他們靠著以前的存款、製作皮帶的收入，勉強過得去。由於材料免費，所以創業成本相當低廉，皮帶銷售量便足以帶動發展。從第二年開始，每年都穩定的以 2 倍規模成長，並且公司的成長完全來自於產品銷售。到 2010 年，Elvis & Kresse 的營收高達 26 萬 7 千英鎊。目前，已回收處理了 200 噸的廢棄物，甚至擴大運用到軍方淘汰的降落傘、裝咖啡的黃麻袋以及風帆布等材質，依據不同的材質特性混編製成提袋與皮夾，就連包裝也是以這些廢棄材質再利用。

由綠色設計工藝成為時尚品牌

透過綠色、設計、工藝與品質，打造出時尚是 Elvis & Kresse 品牌的基本價值。在官網上可以看到知名女星卡麥蓉．狄亞為 Elvis & Kresse 拍攝的照片。在 2009 年，有人聯繫克蕾絲要求寄一條 Elvis & Kresse 的皮帶到美國，以利拍攝《時尚（Vogue）》雜誌所用的照片。當時，她認為這應該是一場惡作劇，目的只是要一條免費的皮帶而已，她回電 3 次方才確認。幾個月之後，公司接到一個大型信封，裡面是 6 月份剛出版的美國版《時尚》雜誌，裏面有一張知名攝影師馬利歐．特斯提諾（Mario Testino）為卡麥蓉．狄亞拍攝的全白照片，照片中最亮眼的顏色就是繫在卡麥蓉．狄亞腰上的 Elvis & Kresse 皮帶。

Elvis & Kresse 在 2013 年與時尚設計師比爾．安柏（Bill Amberg）合作設計、並和倫敦消防隊共同發表的大型旅行包。比爾．安柏是知名設計師，作品受到湯姆．克魯斯、凱特．溫斯雷、鄔瑪．舒曼、克勞蒂亞．雪佛以及傑米．奧利佛等名人的喜愛。Elvis & Kresse 從廢棄物中轉化出時尚，掌握了綠色消費的趨勢，不只如此，克蕾絲說，人們不只是購買綠色商品，消費者同樣看重設計與工藝。

克蕾絲獲獎無數，得過匯豐銀行頒發的綠色新人獎（the HSBC Start-up Stars Green Award），殼牌汽油公司頒發的未來女性創業家獎（the Shell Entrepreneurial Woman of the Future）。2011 年，她因善用回收材料而獲得卡迪耶婦女創新獎的歐洲桂冠，此獎讓 Elvis & Kresse 聲名大噪。從 2008 年到 2010 年，克蕾絲被英國內閣辦公室聘為社會企業大使（Social Enterprise

Ambassador），到全國各地推廣、激發「好的商業模式（good business model）」。2012 年，克蕾絲被世界經濟論壇（the World Economic Forum）提名為全球青年領袖（Young Global Leader）。

社企話題

改變女性處境的學徒計畫

2012 年正逢倫敦奧運，可口可樂與 Elvis & Kresse 簽署成為 5by20 計畫的合作夥伴。5by20 的內容為：到 2020 年之前，賦與全球 5 百萬名具有創業潛力的女性，更多經營事業方面的訓練、財務支持與諮詢指導，去除經濟與社會障礙，讓女性能夠具有創業的機會來改善自身的處境。

可口可樂提供在 2012 倫敦奧林匹克聖火傳遞期間，所收集的可樂瓶蓋，鎔鑄成為特殊的皮帶扣環，給 Elvis & Kresse 製出「奧林匹克經典皮帶（Olympic Legacy belt）」販售，並向外界募款，支持 Elvis & Kresse 的師徒學習計畫。

之後的 4 年內，Elvis & Kresse 目標透過公司所擁有的技藝能力，訓練 5 到 6 名有願意、全職投入展店擴張的學徒。2013 年，Elvis & Kresse 雇用第一名來自英格蘭南部海岸城市伯恩茅斯（Bournemouth），剛完成酒癮治療計畫的年輕婦女。此一師徒學習計畫中，不只提供學習新技能的課程，與實習訓練架構，也可增加與外界互動的機會。在完成處遇計畫後，這名年輕婦女已在附近大學註冊，並擔任其他青年的人生導師。克蕾絲認為，雖然只幫助一名婦女，卻是不斷擴散到遠處的漣漪效應的開始。2012 年 12 月，因為履行企業社會責任，她被英國女王授予大英帝國員佐勳章（Member of the British Empire, MBE）。

品牌發展精神在於擴張社會價值，而非營收

Elvis & Kresse 的品牌意義，就像是女媧補天一樣，修補人為科技所製造的大量廢棄物，所破壞的自然平衡。克蕾絲說，未來將繼續回收更多的廢棄消防水帶以及工業廢料，範圍不只是倫敦地區的消防隊，更要擴大到歐洲與北

美地區。Elvis & Kresse 的快速竄紅，讓許多評論擔心產業、資金、營運模式各方面的問題，諸如，是否已經準備好面對規模擴張、對於時尚、設計與製造產業是否有足夠了解、堆放工業廢料的空間是否足夠等等。這些批評從規模擴張的角度來看，言之成理，但是，克蕾絲與詹姆士念茲在茲的是 Elvis & Kresse 的社會企業模式。

Elvis & Kresse 已有 10 國的銷售門市（包含台灣），面對亞洲與美國市場的蓬勃發展，克蕾絲說，Elvis & Kresse 在意的不是營收而已。Elvis & Kresse 的社會企業營運模式運轉良好，公司所有權單純，沒有欠債，業務穩定成長。如果 Elvis & Kresse 要很有效能的擴展規模經濟，也許需要其他銀行與投資者的資金支持，挑戰之道，不在於資金，而在於從對的投資者身上找到對的資金。Elvis & Kresse 需要的是能幫助生意成長，但不犧牲掉社會使命的事業夥伴。為了業務成長而犧牲公司的使命認同，從來就不是克蕾絲的選項。事實上，Elvis & Kresse 追求擴展的目的在於，的業務愈增長，愈多廢料能夠獲得再生，愈多的利潤能回捐到消防基金去。

時尚源自於廢料，熱情等於視野，工藝賦與新生，Elvis & Kress 改變了既有世界的想像與認定，自給自足的營運模式，既舒減了環境的壓力，也成就了社會的公益使命。克蕾絲主外，詹姆士主內，兩人合作無縫，證明了社會企業小而美的存在價值，並不一定要大而強的規模經濟圖像啊！

奧利佛的 15 餐廳：幫助邊緣弱勢調理人生

以「原味主廚（Naked Chef）」節目在英國料理界闖出名號，所主持的電視料理節目在 100 餘國播放，出版 17 本料理食譜，創辦雜誌、創立 31 家 Jamie's Italian 全球連鎖餐廳，建立起料理帝國的傑米．奧利佛（Jamie Oliver），是英國製造出口的世界級名人。真正讓奧利佛成為各界矚目的是他在 2002 年開創的 15 餐廳（Fifteen Restaurant）。透過料理事業所支撐的學徒變廚師計畫（Fifteen Apprentice Programme），將無業、漂流在犯罪、藥癮邊緣的社會底層青年，變身成為擁有正當職業、充滿資源的專業廚師。

此一完整且效益顯著的學徒計畫，不僅讓他在 2003 年被授予大英帝國員佐勳章（Member of the Order of the British Empire, MBE），肯定他成立 15 餐廳幫助年輕人的貢獻，更讓 15 餐廳成為討論英國社會企業經常掛在嘴邊的案例。

15 餐廳：培養素人學徒成為專業廚師

遠在 1990 年代早期時，奧利佛開始思考，料理是否可以提供沒有接受主流教育、但需要開始新人生的未就業者，一個較佳的就業途徑。於是醞釀開設一家全新的餐廳，試試看這樣的做法到底行不行的通。

而讓他心動不如行動的是，社會企業模式中強調社會使命，而非專注私利經營的概念，驅使他起心動念想要為料理產業做些事。於是，在 2002 年他在倫敦開設一家充滿時尚感的專業訓練餐廳—— 15 餐廳。

之所以以 15 為名，是因為奧利佛在執行第一波的學徒變廚師計畫中，錄取了 15 名學徒。15 餐廳所招募的實習生年紀介於 18 到 24 歲，除了能夠使用流利的英文與人交談，並且於實習期間居住於倫敦地區（不接受海外申請）

之外，必須是沒有正在接受教育、訓練，沒有工作（Not in Employment, Education or Training，簡稱 NEET，也就是一般說的尼特族），同時也不接受已經持有一定程度職業證照的申請者。

在 15 餐廳的評估中，申請者必須擁有下列條件：對食物與烹飪有熱情、有意願成為廚師、完成受訓課程的決心、積極進取、團隊工作能力、禁得起長工時的耐操。雖然這是基本標準要求，但是，15 餐廳的實習計畫相當著重社會使命，在挑選實習生時可說是和一般徵才標準反其道而行，並不挑選最優秀的人選，而是把機會留給最不具備一般求職條件的申請者，期望挑選出最能受益於此廚師訓練計劃的申請者。也因此，入選者包含有藥物濫用、酒精成癮等問題的年輕人，也有些人正處於假釋期，甚至一開始是從監獄中寄出申請。每年，15 餐廳平均會收到約兩百人申請，經由層層篩選後，最後只有 18 位左右的申請人能進入餐廳實習的階段。

申請者提出書面申請後，約有半數能得到面試機會。面試過程包含味覺測驗，但並非要求申請者分辨出使用的食材，而是描述其味道，目的在於測試申請者，是否具備對料理的興趣以及熱情。通過面試的申請者需要參加一場週末營隊，以便能更深入了解他們的個人特質。在 12 個月的學徒計畫中，融合了在職培訓、專業學校的學科訓練以及個人發展的特色。因此，可以說是為實習生量身訂作的專業廚師養成計畫。課程與實習的安排相當緊湊，因此需要高度的專注與投入才能通過考驗。有 92% 的學徒認為在 15 餐廳所學是正向、確實與改變生命情調的經驗。

四分之三在訓練後繼續當廚師

約 30 人能被選中參加為期 4 個月的職業學校訓練，學習最基礎的料理理論以及實作技巧。而最後階段，有 18 到 20 人會被挑選進入 15 餐廳的廚房實習。每個實習生必須要學會做早餐、魚及其他主餐、肉品與燒烤、義式麵食、糕餅甜點、開胃菜與沙拉等。

在一年的課程接近結束，實習生也逐步建立起自信與技能之後，就開始減少學科增加術科的分量，加重到餐廳實習的時間。整個計畫的高潮是主廚週（Chef's Week）——在專業廚師的現場監督下，由實習生掌管15餐廳一週的廚房所有運作。之後，實習生必須再用3週的時間，到其他高階餐廳工作，以便了解其他餐廳如何運作。

15餐廳的計畫得到許多高級餐廳的支持，提供實習場域，知名者如，The Fat Duck、 Rhodes Twenty Four 和Bistrot Bruno Loubet等。其餘參加了學校訓練，卻未能到15餐廳實習的申請者，也有食物基金會（Food Foundation）的專人給予輔導及建議。在15餐廳實習並不如想像中優雅，廚房環境內的快速移動、長工時、高壓力，都是考驗廚師實習生的忍耐力。儘管在訓練過程中每人遭遇不同，所有的實習生都擁有高度想要實現自我理想的熱忱，這種高張力的廚房工作，具有相當的感染力，有80%的畢業生仍在料理界工作。

走進紅磚綠窗的15餐廳，除了色調溫暖的木桌及吧檯，更引人注目的是15餐廳的開放式廚房，顧客能清楚看見料理的烹調過程。廚房中工作人員忙碌穿梭，仔細觀察可以發現有戴著白帽的實習生，以及戴著黑帽的專業廚師。餐廳廚房中的工作講求效率及精準，並具有一定的危險性，將這一切在顧客面前公開呈現更是增添了許多壓力，加上15餐廳招募的實習成員往往也具有一些待解決的個人議題，要讓廚房順利運作更成為一種挑戰。雖然進入廚房的實習生並非所有人都能順利從15餐廳畢業，但依然無損實習計畫的斐然成績：至今已有近百位實習生完成訓練，有些人另尋工作，通常是從事餐飲服務業，但也有高達四分之三的人依然在掌廚，許多人靠著他們的專業技能贏得了尊敬。

在15餐廳所進行的訓練與就業模式，透過第4頻道（Channel 4）播放《傑米的廚房（Jamie's Kitchen）》節目，報導15餐廳成立後，傑米指導15名社會弱勢的年輕人，學習料理以及廚房工作技巧的點點滴滴、起起伏伏。播出後，不僅成為倫敦最有話題的餐廳，也是當年收視最高的節目，平均每周有超過500萬人收看。成立運作後，每年都有超過1百萬英鎊的營收。

在摸索與調整中複製到各地

隨著倫敦旗艦店的成功，2004 年 12 月荷蘭阿姆斯特丹店開幕，2006 年 5 月，康瓦爾分店開幕，和倫敦模式一樣，都成立一個在地慈善組織，運用餐廳的獲利贊助來支持學徒計畫。

儘管有這些風風光光，15 餐廳所進行的學徒計畫並不是一開始就一帆風順。剛開始營運的 15 餐廳可以說是一團亂，還沒準備好風帆與糧草就啟航環遊世界。一份內部評估效益的報告指出，從 2002 年到 2007 年為止，106 名受訓人員的畢業率只有一半。有趣的是，15 餐廳還把這報告給印了出來。幫助 15 餐廳模式從東倫敦地區出口變成全球著名社會事業品牌的利亞姆．布萊克觀察到，正是因為這一份不隱瞞事實的報告，清楚的指出 15 餐廳視而未見的問題，這對很多公私立機關或志願部門來說，都是很少見的事。

但是，如果沒有 15 餐廳，這個廚師職訓計畫只不過是一個沒有連接到市場真實面的青年培力計畫，而沒有適當運作的訓練要素，也不過是趕流行的企業社會責任而已。所以，奧立佛說，我們不總是對的，不過，若不承擔風險，就無法進步。

在奧利佛的想法中，基金會是他以料理帶來幸福的社會事業核心，每開一家新餐廳，同時也成立相對應的慈善基金會，如，15 倫敦是一家有限責任公司，所有權則由傑米．奧利佛食物基金會（Jamie Oliver Food Foundation）控制，康瓦爾分店，由康瓦爾食物基金會（Cornwall Food Foundation）所有，荷蘭阿姆斯特丹店由 Kookdroom Foundation 所有。奧利佛也在美國德拉瓦州註冊成立傑米．奧利佛食物基金會，在澳洲則成立 The Good Foundation 來執行「食物部長計畫（Ministry of Food project）」等，承接餐廳的贊助資金用來執行學徒計畫。

利亞姆．布萊克在協助創立「15 阿姆斯特丹」餐廳時，就把保證每年訓練 20 名年輕人成為廚師，寫進特許經營的契約中。布萊克希望以經營所收取的費用，幫助南非 15 開普頓餐廳成立。奧利佛的學徒變廚師計畫廣泛的受到國際認可，並成為轉換年輕人生活目標的標竿，儘管一路上有許多曲折，但是，管理階層都從過去的許多嚐試中學到經驗，學徒變廚師計畫仍然朝相同的目標前進。

重視專業帶來亮眼的營運效益

奧利佛在他自己的事業中設定募款目標，來幫助基金會募款。奧利佛並未從15 餐廳中支領、獲取任何金錢，所有獲利都重新投入訓練計畫中。奧利佛除了將《與傑米下廚（Cook with Jamie）》一書的版稅全數捐給基金會當作營運基礎基金外，也運用他本身的全球高知名度，以及提倡食物教育的影響力，還有其料理帝國的餐廳與工作人員透過捐贈、志願服務、募款以及專業服務，來支持基金會的運作。

但是，基金會也是獨立運作的組織，為了永續發展不能只依賴奧利佛，而必須向外拓展資源。目前，基金會執行 3 項活動，讓外界參與、募款：（1）學徒變廚師計畫。（2）食物部長計畫，一方面教授民眾如何從烹飪料理，來建立健康飲食習慣，目前施行於英國與澳洲。另一方面，則在校園推動廚房花園計畫（Kitchen Garden Project），針對英國小學，量身打造 200 種健康食譜，從教學著手，包含認識食物課程學習單、烹飪課程教學技巧，並整合學校花園，形成食物教育鏈。（3）倡議改革學校食物活動（School Food Compaign）。

奧利佛不感情用事、重視專業團隊，也許是他能夠成為全世界最富有的廚師之因。他有強力的現金管理能力、專業思考細密，每項計畫都有嚴謹的目標導向，而且聘用專業人士操刀。獨立報評論，如果奧利佛是奧利佛品牌的創新部門，那約翰・傑克森（John Jackson）則是主要的執行長。他在 2007 年加入奧利佛品牌之前，曾經幫過美體小舖的羅狄克家族、英國大誌的約翰・柏德以及維珍集團（Virgin Group）的理查・布蘭森（Richard Branson）。五年來，傑克森將奧利佛控股公司的營收，由 1,200 萬英鎊翻倍到 2 億英鎊。整個集團僱用超過 6,400 人，250 人在倫敦總部，2,900 人受雇於全球 31 家

Jamie's Italian 餐廳。根據計算，每家奧利佛的Jamie's Italian 餐廳需花費 190 萬英鎊成立，雇用 110 人，平均 2 年半回本，這在失敗率高達 98% 的餐飲應該是相當不錯的表現。

也由於外食人口持續增加，消費者也更精打細算，所以，奧利佛開創了以平價族群為主的 Union Jacks 連鎖餐廳，不過，2014 年初， Union Jacks 關閉了三間分店，僅剩一家，顯示料理帝國吃大餅也有掉芝麻的時候。奧利佛認為自己所做的事是被社會使命所驅動，但他並不喜歡慈善組織。原因在於，慈善組織太不賦權。他認為大多數的慈善組織運作不佳，包括他自己的基金會組織，太多的行政，太多的特定事務需要關注，如果，可以重來，他寧可不要選擇基金會形式。他認為，專注經營好自己的事業，善待人們是上策。也因此，奧利佛獲得公眾的信任與了解，就跟英國民眾信任喜歡用商業技巧，去處理世界上各種社會議題的維珍集團董事長布蘭森一樣，由個人信任、延伸到品牌的忠誠支持，反而能夠發出更大的社會責任聲響，改變社會。

「像我們一樣的女性」：兼顧就業與家庭的求職平台

這幾年 SEUK 的年度報告，一直強調社會企業的婦女參與度高達 38%，擔任管理階層的比例也比一般中小企業（19%）來得高，而且，有 91% 的社會企業的董監事會裏，至少有一名女性主管。新興的社會企業，婦女參與社會企業的現象更明顯，說明了婦女在社會企業領域中的不凡表現，不只是滿足了個人成就感、財務報酬或是社會地位，更因為參與解決問題，而引導了社會變遷。

社會企業「像我們一樣的女性（Women Like Us）」，不只直接呼應了姊姊妹妹站起來、婆婆媽媽站出來的口號，更積極解決 140 萬名英國婦女，無法兼顧安定就業與家庭照顧之間的問題。

幫助懷孕婦女重新進入職場

之所以有這樣的念頭，完全來自於「像我們一樣的女性」的創辦人艾瑪・史都華特（Emma Stewart）和凱倫・瑪蒂森（Karen Mattison）的親身經歷。兩位姊妹淘在婚前，各自在職場領域表現相當優秀，結婚後雖懷孕生子而暫時退出職場。在 2004 年的時候，兩人想重回職場工作，卻只能選擇可以自由工作的公部門諮詢顧問。儘管她們擁有專業技能，仍很難找到可以顧及家庭照顧責任、經濟收入與工作表現的適當兼職工作。彷彿，優質、彈性的工作隨著單身年代的結束而回不去了。

艾瑪的專長是媒體技能訓練與記錄片製作，而凱倫很早就進入慈善組織工作，30 歲的時候，她已是一家心理健康慈善團體的執行長。兩人成為母親之後，因擔任工時彈性的公部門諮詢顧問而相識。凱倫在送小孩上下學時，總會和其他接送小孩上下學的婦女在校門口聊天，她發現，這些媽媽在送小孩上學後到接小孩回家之間的空檔，根本無法找到高品質的兼職工作。而且，在離開職場進入家庭照顧小孩之後，若想回到職場時，不是被挑剔專業技能不足，就是工作與家庭生活型態無法配合。脫離主流就業市場久了，面對多重的就業障礙，不僅消磨自信心，產生社會隔閡，也因此閒置了婦女的勞動參與，反而不能改善家庭經濟，擴大經濟能量。

提供親職婦女高品質、彈性工時

根據平等與人權委員會（Equality and Human Rights Commission）的估計，英國一年約有 3 萬名女性因為懷孕而失去工作。在英國的求職市場，大部分的公司都委由人力資源顧問（recruiting agency）召募全職員工，在公司進行面試後才獲得公司支付傭金，導致人力資源顧問不會費心在招募兼職人員業務上，畢竟無利可圖，難以激發替人尋找好工作的誘因。在 2010 年的調查中，倫敦地區有 83% 的工作廣告，招募的是全職工作，只有 11% 是兼職工作。2012 年「像我們一樣的女性）」所做的市場調查也發現，四分之一的部分工時工作，不是依全職工作的標準來給付合理的薪資。從有效運用人力的角度來看，求才公司也因此失去運用可以彈性上班，技能純熟的女性求職者的機會。整個進入職場的就業設計，仍落在專為男性打造的就業結構上，而不利懷孕婦女重新進入職場。

凱倫覺得這應該是許多婦女所面臨的相似處境，她們倆身邊的許多朋友也有過相同的經驗，因此，她們決定做些改變，針對這一個族群彈性工時的職業需求，提供量身訂做的就業服務。

就像阿基米德想到浮力原理時大喊「我找到了」那樣的興奮。2005 年，她們在倫敦成立了「像我們一樣的女性」公司（2007 年變更為 WUL 社區利益公司）），專門針對兼職市場，提供準備好就業，同時想家庭照顧責任的親職婦女，高品質、彈性工時的職務。「像我們一樣的女性」對英國女性勞動力妥善安置的創新思維，在 2009 年時，就獲頒女王賞（the Queen's Award）的企業創新類獎項。

線上諮詢、陪伴進入職場前的準備

「像我們一樣的女性」剛開始成立時，就獲得工商貿易部贊助 25,000 英鎊進行先導型計畫。他們一方面架設網站，一方面，用最傳統的口傳行銷方式，去尋找出目標對象。凱倫獲得她的小孩學區校長的支持，將求職的課程、服務內容製成折頁文宣，放在小朋友星期五帶回家的書袋裏。透過許多家長的口傳，很快的擴散到 60 所小學，總共招募了 3,000 名婦女代表。5 年之間，在倫敦地區總共拓展了 229 所小學網絡，17,000 名婦女註冊，並幫助 2,000 婦女找到兼職工作。目前的註冊人數已經超過 5 萬名，幫助 2 萬名婦女找到兼職工作。

最初提供各種求職面試的指導服務完全免費。艾瑪認為，重入職場的婦女最先要克服自信心的問題。因此，他們扮演心靈導師的角色，花時間來陪伴、諮詢與輔導，讓求職婦女在重新進入職場前，要了解並確定個人需求。例如，工作的原因是甚麼？是為了要獲得自信心，肯定自我、還是表現才華？以及尋找的是全職或兼職工作？當然也要向雇主表現一定水準的就業技能，而且要能說明中斷工作經歷並不是件壞事。

透過步驟化的輔導，釐清求職思緒、冷卻求職慌亂的心情，更能精確的滿足需求。他們在網路上免費提供有關求職的自我檢核表。若需要更進一步的服務，可以到公司所在地的倫敦，參加面對面的工作坊，或者接受專家量身訂作的指導。

「像我們一樣的女性」提供了第一線的線上職涯服務，透過網站空間的數位交換與共享的功能，彼此透過網路研討會、論壇、部落格來擴大不同個人的經驗交流、分享學習、交互影響。艾瑪發現，婦女之間透過個人經驗分享，來互相幫助的效果很好，有身歷其境的效果，因此，除了提供網站空間張貼論壇文章之外，也安排資深的專業高階經理人直接主持線上對談，提供申請者如何書寫與主持人專長相關的專業履歷、心理建設等等相關服務。她稱之為「隱性的激勵（latent motivation）」，由已經能夠兼顧工作與家庭照顧的婦女來現身說法，分享知識與經驗，有助於鼓勵其他婦女建立自我實現與家庭友善的事業。

「工作時刻」與「晉用時刻」：為婦女量身打造

但是，他們覺得只有提供諮詢與訓練並不夠完整，為了提供各種類型婦女的各種不同的工作需求，在 2012 年 4 月更成立兩家子公司——工作時刻（Timewise Jobs）和晉用時刻（Timewise Recruitment），分別針對尋找職業支持與工作介紹兩方面，往前延伸切入到婦女彈性工時的就業市場內，更直接的將工作找出來，讓求職婦女可以更清楚、更有準備找到適合自己需求的工作。

工作時刻是提供線上搜尋彈性、兼職工作的網站，求職婦女登錄帳號後，可以藉由電子郵件立即被通知相關工作機會，或者可以自行創建履歷，讓有興趣的公司直接找上，又或者將所興趣的職務，加上標籤類別成為相關名單，讓求職者可以稍後逐一觀看判斷是否符合需求。晉用時刻則不折不扣就是人力資源仲介所。所不同的是，傳統人力資源仲介的營運收益是建立在收取仲介費用上，而晉用時刻所聘用的諮詢人員則是領取固定薪資，而且被賦與的工作使命是，幫助求職婦女量身打造，找尋一份適合他們需求的工作，甚至提供自行創業的諮詢服務。

經過這些年的運作，凱倫說，「像我們一樣的女性」的主要成就之一是，證明了這是一個彈性、可運作的模式。她們說服數千名雇主的理由，不是用平衡工作與生活是多麼重要的說詞，而是開門見山的直指商業利益，告訴雇主用 2 萬英鎊就可以雇用到原本要花 4 萬英鎊的人才，而且工作效率更好。僱用公司不是因為善心而給付傭金，而是因為高品質的服務。每次看到辦公室內，一群已有工作的婦女，在幫助另一批需要幫助的婦女的熱哄哄場景，是凱倫最真實的成就感。

納入社區利益公司，實現獲利與社會使命

「像我們一樣的女性」成立後，很快的就成為媽媽求職的發電所，而且完全以商業運行的模式來成就社會使命。所幫助的對象相當全面，一方面要照顧低收入、只能從事低階工作者，找到工作幫助脫貧；同時也要媒合高技能的工作，如律師、會計、財務分析師以及電視製作人等等。凱倫接受訪問時表示，若問她，在獲利與幫助媽媽們找到工作之間何者重要，她會說兩者一樣重要。如果不盯著獲利的底線看，「像我們一樣的女性」根本幫不了任何人。2013 年春季時，就有高達 3 萬 4 千名使用者拜訪網站，35 種不同事業的公司捐出員工辦公時間，以及專家意見來幫助線上求職者。

由於公司位於倫敦，儘管他們也獲得許多獎項得鼓勵，吸引各方焦點，卻只能服務倫敦地區的婦女，所以，在 2013 年 4 月，為了推廣媒合高品質彈性工時工作的營運模式，成為全國經驗，特地將所有的事業體都歸納在 時間基金會（Timewise Foundation）的社區利益公司之下，形成由基金會控制的傘狀公司集團，三個品牌，各自發揮不同的功能，相互支援。

目前，工作範圍以倫敦地區為核心，擁有 37 名員工與助理。職訓中心則位於倫敦橋附近。就業服務已開始向倫敦郊區擴散，如，南華克（Southwark）、柳絲瀚（Lewisham）、蘭百思（Lambeth）地區。服務對象也相當聚焦在求職者本身帶點經驗與技能，在未來 6 到 12 月內想找到工作，目前主要的障礙在於無法兼顧親職與工作等的條件上。而且，不只侷限在母親身分的求職者，也納進了男性帶有子女親職者。在時間基金會的人力資料庫中，至少登錄有 25,000 名擁有專業技術能力女性，在尋找彈性工時的工作，83% 的申請者擁有 6 年以上的專業工作經驗。3,000 名擁有財務、會計背景，4,000 名具有行銷、媒體與公共關係的工作經驗，2,000 名來自人力資源背景的訓練。

公司營收主要來自：一是執行傳統人力資源仲介業務，約佔 30%，由雇主支付傭金。二是來自政府契約，如，倫敦議會（London Councils）、倫敦發展署（London Development Agency）、工作與年金部（Department of Work and Pensions）、資助技能發展署（Skill Funding Agency）等 12 個地方公署，以及幫地方社區組織、基金會、信託基金找到合適的工作人選。三為接受外界專案贊助。如，由 Nesta 管理內閣辦公室的創新賦能基金（Innovation in Giving Fund），在 2013 年 4 月贊助「像我們一樣的女性」5 萬英鎊，提供全新線上就業服務的設置。之後更繼續獲得 14,7462 英鎊的贊助，結合想要發展企業社會責任的，不同產業公司的人力資源管理知識，發展出業界之間（B to B）彈性工作分享網絡。或是接受社會事業信託（Social Business Trust）在 2012 年高達 20 萬英鎊的，專案投資與專業財務諮詢服務。

時間基金會 2013 年公佈的社會效益評估報告表示，公司透過提供優質彈性的工作，處理了性別工作不平等、婦女就業閒置、提升生活品質標準、工作技能增能等 4 大方面的問題。時間基金會粗估，透過此一模式，目前已有 5 萬名求職者登錄在系統中，每年提供超過 2,500 個工作機會。在 2011 到 2012 年間，造就超過 50 萬英鎊的經濟產值，其中，27 萬英鎊為政府的課稅收入，低收入家庭的整體所得提高了 26 萬英鎊，平均每個低收入家庭增加 5,300 英鎊的收入。而彈性工作者的所得薪資約等於是 2 萬 8 千英鎊薪資的全職工作者

資深人士也可以兼職工作

艾瑪和凱倫兩人重新界定了英國彈性工作的就業市場，把原本被認為是不投入、臨時性意義的兼職工作，轉變成有效率、高品質的彈性工作。凱倫說彈性工作的型態，正在改變傳統辦公規則。她一週工作 4 天，一天在家陪伴 3 名 6 到 14 歲之間的兒子，但透過資訊科技可以與辦公室同事隨時保持聯絡，處理突發事件。去除兼職工作的污名化，打破傳統就業市場成規，切出彈性工時市場的成就廣受英國內思潮領袖、政治制定者以及商業社群的肯定。2013 年更發表了英國第一份威力彈性工作清單（Power Part Time list），公佈 50 名位居高層，但每週工作天時低於 5 天的名單，打破兼職工作不適用資深人士的迷思。他們的創新思考與做法，獲得了內閣辦公室委託 Nesta 營運管理的「創新基金」投入資金支持。艾瑪和凱倫兩人贏了一堆獎項，最

近被英國《衛報（The Guardians）》的姊妹報《觀察家（Observer）》與 Nesta 基金會列為「以創新思維與方案解決社會問題，讓英國重返偉大行列、最衝的 50 家企業」之一。

社企話題

社會事業信託：提供資金及專業諮詢的投資方案

社會事業信託（Social Business Trust，SBT）是由貝恩策略顧問公司（Bain & Company）、不列顛瓦斯（British Gas）、克里佛・全思國際律師事務所（Clifford Chance ）、瑞士信貸集團（Credit Suisse）、安永會計師事務所（Ernst & Young）、Permira 創投公司、湯森路透公司（Thomson Reuters）等 7 家公司在 2010 年成立，提供 1,500 萬英鎊現金，或以相等實物的方式，進行 3 到 5 年期的投資方案。到 2013 年為止，SBT 總共投資 420 萬英鎊（120 萬英鎊資金，價值 300 萬英鎊的專業支持）在七個社會企業上：Timewise、The Challenge Network、 Moneyline,、Inspiring Futures Foundation、London Early Years Foundation、Bikeworks 和 the Shakespeare Schools Festival。第一年投資效益有 46% 的成長，第二年則成長 95%。在 2011 到 2012 年之間，直接影響 39,000 人，間接影響約有 66,000 人。

「像我們一樣的女性」是 SBT 的第一個投資計畫，之所以選擇投資時間基金會，是因為凱倫的團隊很清楚看到市場需求，並提出優質彈性工作的創新思維，來重新界定彈性工作的定義，改變了既有的就業市場。

SBT 不僅投資資金，也提供專業的管理團隊與諮詢，來確保切入優質彈性工作市場的社會使命能夠完整的被實現。當 2012 年 4 月，時間基金會決定建構品牌價值時，克里佛・全思國際律師事務所提供法律諮詢，安永會計師事務所提供財務管理諮詢，湯森路透公司提供策略建議。凱倫說，SBT 對「像我們一樣的女性」的貢獻難以衡量，他們提供的資金與專業諮詢，在資訊科技的應用架構上發展出獨特的品牌價值以及行銷手法，不僅讓業務規模擴大，也讓成長速度加快。

2011 年兩人贏得今日管理雜誌（Management Today）的「媽媽企業家獎（Mumpreneur）」，以及思科公司（Cisco）的「商業英雄獎（Business Hero awards）」，而且被「真實商業雜誌（Real Business magazine）」譽為是「英國最振奮人心的兩位社會創業家（two of the most exciting social entrepreneurs in the UK）」。

2010 年 11 月，艾瑪和凱倫兩人因為傑出的社會貢獻，被英國女王授予 MBE 勳銜。而「像我們一樣的女性」也開始從倫敦，向全英國擴散，以彈性工作啟動新一波的就業變革。

CSH Surrey：員工就是老闆的健康服務企業

在討論英國有關執行健康與社會照顧類別的社會企業時，不能不提到英國已經使用超過 66 年的國民健康服務系統（National Health Service，NHS）。NHS 成立於 1948 年，在健康部之下，分由 4 個國民健康服務系統：威爾斯（NHS Wales）、蘇格蘭（MHS Scotland）、北愛爾蘭（NHS North Ireland）與英格蘭（NHS England），負責執行。4 個系統彼此各自獨立運作，除了跨行政邊界的醫療服務，與英國健康部的管控之外，均有自己的管理系統、規定，並向各自的政治主管當局負責。

隨高齡化與治療成本成長，NHS 漸成政府重擔

NHS 除了收取有關眼睛、牙齒檢查、醫生處方、以及長期照護的費用之外（所收取的費用也遠比一般私人健康保險的費用還低），大部分是免費。項目涵蓋預防篩檢、臨床與緊急醫療、長期照護、器官移植、臨終關懷等，目前約服務 6,320 萬人。在英國政府稅收支持下，發展迄今已經成為全世界最大，由政府支持的健康服務系統。所有系統所僱用的醫生、護士以及相關醫療人員，高達 170 萬人，總共有 39,780 位醫生，370,327 名護士，18,687 名救護車司機與工作人員，以及 105,711 名醫院與社區健康中心的醫療服務與牙科工作人員。

2012 年到 2013 年 NHS 的預算是 1,089 億英鎊，約 82% 由政府撥款支應，約 12% 是國民保險稅，其餘則是社會各界捐贈收入。英格蘭服務系統僱用 135 萬員工，蘇格蘭有 153,427 人，威爾斯有 84,817 人，北愛爾蘭僱用 78,000 名員工。如此龐大的員工數目，僅次於美國國防部（320 萬人）、中國解放軍（230 萬人）、沃爾瑪連鎖超商（Walmart，210 萬人）、麥當勞連鎖速食店（190 萬人）而排名全球第 5 大組織。

如此龐大的健康服務系統所負擔的預算支出，被世界衛生組織認為是歐洲最大的公費醫療機構。但是，隨著人口高齡化、新型藥物和治療成本高漲，英國政府對 NHS 的支出，從十年前佔國內生產總值（GDP）的 6.8%，上升至現在的 9.4%，已經對英國政府形成難以負荷的甜蜜重擔，而 NHS 的醫療效率在歐盟國家中也只排名 17 位。

健康與社會法案引入民間力量改革公醫系統

然而，英國從 1948 年就成為世界上第一個實行全民醫療的國家，讓英國人自豪、被譽為「從搖籃到墳墓」的 NHS 健康服務，要進行改革談何容易。但是，英國政府還是在 2012 年向國會提交了《健康與社會保健法案（Health and Social Care Act 2012，2013年4月生效）》，重新架構新的醫療服務模式。

除了在接下來的五年間，將裁減 5 萬名 NHS 員工之外，英國政府將原由 151 個初級保健信托機構（Primary Care Trusts，PCTs）管理分配的 NHS 近 60% 預算，改由全科家庭醫生（General Practitioner，GP）所領導的 211 個醫療委員會小組（Clinical Commissioning Groups，CCGs）負責。小組的工作主要是評估各地區從醫院到社區診所的健康需要，以及購買設備與醫療服務開銷，並委託外部服務機構，來滿足地方的醫療需求。尤其在面臨高齡化與貧富高反差的社會處境，針對如心臟病、糖尿病、老年癡呆等慢性病，需要以更好的管理方式，讓慢性病患維持獨立健康生活的能力。這些病患無需住院接受治療，但需要社區護理服務來銜接醫生與醫院的醫療照護關係，並持續診治出院後的支持和康復服務。

法案的精神並不只是重組整個 NHS 體制，消除過度的官僚決策與資源浪費的問題，更將市場競爭機制帶入公共醫療服務內。此一精神與卡麥隆首相的大社會政策呼應，將由官僚體系掌握的資源分配權力，分散到第一線的民間組織上，讓第一線的公、私與第三部門的工作者，可以精準的掌握服務需求，用最有效率的方式執行公共服務，既可完成社會目標，也可以達成經濟與節約環境資源的效果。因此，鼓勵私營醫療機構和慈善機構參與公共醫療服務，成了必要之路。而由戴維．尼可森爵士（Sir David Nicholson）領導的監督機構 NHS 信託（NHS Trusts），也因為此一公部門的財務瘦身計畫而被形容樹立了「尼可森挑戰（Nicholson challenge）」——到 2015 年底前，節省 200 億英鎊的醫療支出。

以投資基金扶持健康照顧型社會企業

儘管以市場機制來擴大醫療組織參與，導致外界認為政府正在將 NHS 私有化，甚至擔心被華爾街的跨國投資客給接手經營，慨嘆英國國民將不再享有免費醫療福利；健康部官員也憂慮市場化之後，是否能夠處理緊急醫療與疾病預防等問題。在市場競爭與社會福利間的爭辯與質疑之中，反而讓標舉透過提供產品與服務，來實現社會使命的社會企業，有了以創新模式來執行社區照顧服務、活化社區，同時呈現社會納入效益的發展空間。

英國健康部（Department of Health，DH），除了在部裡設一個社會企業工作小組（social enterprise unit），負責和社會企業組織一起創新健康與社會照顧服務。2007 成立的「社會企業投資基金（Social Enterprise Investment Fund，SEIF）」，透過贊助與借貸的方式，迄今已投入一億英鎊到 600 家執行健康與社會照顧服務的社會企業上，包含身心障礙服務、藥物濫用、銀髮照護等。這些社會企業得以藉由執行健康照護服務，逐步累積經驗，發展成熟的營運模式，進而擴大規模、接受金融財務市場的界投資考驗。接受贊助的社會企業有，關懷弱勢、社會邊緣的兒童與青少年的教育與處遇的 Jamie's Farm、Norcare、Jets Foundation，以及提供社區交通服務的 HCT Group。

健康照護與社會價值的雙重效益

2009 年時，在內閣辦公室的支持下，健康部進行一項分析社會價值的行動研究，以充分的理解執行服務所產生的社會效益，並用金錢來表示的量化價值——社會投資收益（Social Return on Investment，SROI）。總共有五家執行社區照顧服務的社會企業參與此次行動研究：

1. Big Life Group 的 Summergove 服務中心：Big Life Group 由 7 個不同事業組織與 3 個慈善組所組成，目的是提供英格蘭北部地區，兒童與家庭的健康與社會照顧服務、身心障礙疾病的支持與心理諮詢，並協弱勢民眾就業、居住、教育等服務。

2. Sunderland Home Care Associates：由員工擁有的有限公司，其前身以居家照顧服務的勞動合作社形式，提供高齡、聽覺障礙或喪失、學習障礙、身心障礙、兒童、個人或家庭的照顧服務。公司成立後，這些員工因為過去的訓練與經驗，成為公司的主要主管與協調員，讓居家照顧服務得以複製擴張。到 2012 年為止，在 8 年之間，總共拓展成立了 8 個不同地區的公司，都由員工所有，且僱用在地員工。目前，有 450 名員工，每周提供 1 萬小時的服務量。

3. Salford Health Matters：成立於 2007 年的社區利益公司，提供曼徹斯特的 Salford 地區 13,000 名居民的基本健康服務。除了全科醫生負責診治，專業護士負責進行醫療照護服務之外，一般護士則提供從例行檢查到抹片檢查，到接種疫苗、血糖與心電圖檢查、量測血壓、減重、戒菸等服務。

4. Central Nottinghamshire Clinical Services：創立於 2004 年 12 月的非營利組織，執行 Nottinghamshire、Leicester、Leicestershire and Rutland 等 4 個地區的緊急照顧服務。

5. CSH Surrey（原為 Central Surrey Health，2006 年改為 CSH Surrey）：由員工擁有、不以營利為目的的社會企業，提供 Surrey 地區民眾，在家、在校與診所的醫療照護服務，包含職業治療、物理治療、語言治療、自閉症患者以及營養師的特別照護服務。CSH Surrey 是英國第一家將員工合夥形式（co-owned）寫入公司章程的組織，不分配股利，而將盈餘全數投入組織的社會使命。在 2006 年時，由 NHS 下超過 650 名護士與治療師加入，選擇合夥的型態來執行公部門的健康服務，同時，也登記加入 SEUK 的會員。

這5家社會企業在進行社會投資效益分析時，先選取目前所從事的一項或多項服務，透過預測分析，設定執行服務所產生的潛在價值與預期結果。隨著服務的施行，相關數據的出現，再針對已完成的服務活動，進行評估效益的分析。儘管在用財務語彙來分析社會投資效益時，往往會出現每投資1英鎊，會產出2或5英鎊這樣看起來易於計算的表示方式，但是，健康部強調，真正重要的是，社會企業所造成的社會改變的效益。如此的分析一完成，行政長官與社會企業雙方，都可以更聚焦討論，以病患需求與服務使用者優先的做法，是否有改善的必要。尤其是社會企業，不僅可以了解所提供服務所產生的效益，以及因而產生的附加價值，更能讓委託的行政部門可以明確的確認價值何在、是否可以管理以及值得付出這個價格。而社會企業也擁有較佳的議價能力、有助於提出服務設計與新觀念。也因此，社會企業可以較為充分的理解自己所創造的模式與價值到底有沒有市場競爭優勢。

健康部對這5個社會企業的投資規模，從1萬英鎊到130萬英鎊不等，社會投資效益分析，考慮了利害關係人的確認與基本資訊的收集、組織本身與每一項服務活動的財務風險，以及穩定的社會變遷理論等因素，從而可以對社會企業所創建的社會價值，提出較全面性的分析。根據計算的結果，此次的贊助每投資1英鎊於CHS Surrey，可以獲得5.67英鎊回報；投資1英鎊於Salford Health Matters 獲得4.28英鎊回報；投資1英鎊於Central Nottinghamshire Clinical Services則獲得3.78英鎊回報；投資1英鎊於Big Life Group，獲得2.83英鎊回報；投資1英鎊於Sunderland Home Care Associates，獲得2.52英鎊的回報。

CSH Surrey：第一個由員工所有的社會企業

CSH Surrey是第一個從NHS分立出來，由離開NHS的員工所建立，並由員工所有的社會企業。在成立前，考慮到新成立的組織要參與執行社區健康服務，因此就思索過如何因應與健康部、其他政府部門與NHS的委託與業務供應的新關係，組織型態因此考慮、評估過採取健康信託、社區信託、兒童信託、與地區醫生或是私人企業的合夥關係等等不同組織形式。

經過反覆討論的結果，確立了幾項原則：以非營利的有限責任公司形式，將病患權益置為優先、公司由在地護士、治療師與其他員工所有。此一方向配合投資社區的承諾，形成了員工合夥經營的社會企業模式（co-owned social enterprise model），外界形容此一模式具有約翰．路易斯（John Lewis）的風格，所不同的是，CSH Surrey 的員工不分配股利。

CSH Surrey 的前身名為 Central Surrey Health，而且是在 Surrey 的基礎健康信託（primary care trusts）的指導下展開運作。2006 年 10 月成立，成為卡麥隆首相大社會政策下，屬於健康領域的社會企業範疇內的旗艦標竿。到 2013 年 7 月時運作滿 6 年改名為 CSH Surrey。在 CSH Surrey 合夥經營的社會企業模式之下，所有的員工不管其工作角色如何，一律平等。透過傾聽、回應、共享資訊、誠信對待的互動，塑造了合夥經營的文化。CSH Surrey 在內部設立積極、有效的員工議會，稱為「聲音（Voice）」，不僅可以確保員工的聲音可以傳到董事會耳中，也可以讓公司的營運處於維持病患、合夥員工與組織的最佳利益狀態。

CSH Surrey 成立後所進行的組織變革， 在顧問公司協助下，發展電子文件傳書交換系統（Electronic Document Transfer，EDT）架構，讓公司內部醫生間討論醫療檢驗資料，與外部的 NHS 單位間的資訊傳輸更快速、更即時。具有整合性功能的資訊架構一完成，效益馬上浮現。一年至少節省 35,000 英鎊的紙張與郵費，3,000 小時的文書處理時間。管理階層對於醫院內部的管理訊息，掌握更全面與及時，不僅縮短管理層級的訊息流動時間，也能更快速進行決策分析。病患病情的處理也更及時、確切，節省許多重複不必要的醫療相關的處理工作。

CSH Surrey 組織才剛踏入以非營利型態經營，面臨較高的財務風險，而且，採取一個前所未有的組織形態，必須時時回應來自內部與外部環境的挑戰，以調整發展的腳步。儘管如此，CSH Surrey 所發揮的影響力，逐漸引起研究與報導的目光，甚至影響政府未來輸送公共服務的思維。許多公部門的僱員、勞工也開始以 CSH Surrey 為例，設立由員工所有的互助組織。CSH

Surrey2011 年到 2012 年的營收有 29,535,000 英鎊，員工有 818 人。

社企話題

約翰．路易斯的員工共有制

John Lewis Partnership plc 是英國最大、由員工所有的公司。創辦人約翰．路易斯為了實現產業民主的理念，在 1929 年，以信託的方式讓員工成為受益人。員工除了獲利之外，也享有民主體制的管理決策權。目前共有 91,000 名員工，擁有英國境內 42 間連鎖店（31 家百貨公司、11 家商店），320 家 Waitrose 超市，一架線上購物網站（johnlewis.com），一家工廠與農場。所有事業體一年營收高達 100 億英鎊。2013 年發放 2.11 億英鎊紅利給員工，約等於 9 周的薪水。

競標失利，引起制度公平性討論

儘管 CSH Surrey 的模式引起注意與仿效，但是，一旦成為社會企業後，也要在市場上與其他企業一樣進行競爭。CSH Surrey 在 2011 年第一次爭取 NHS 的 5 年 5 億英鎊、位在 Surrey 西北與西南區域的社區健康服務標案，就鎩羽而歸，輸給維珍集團總裁理查．布蘭森（Richard Branson）所投資的 Assure Medical。

標案的失利，引發各界許多討論。究竟是 CSH Surrey 所提供服務品質不足以取得市場競爭優勢？還是，財力不如私人大公司？或是政府標案制度設計不當，有利於財大氣粗的企業，而不利於社會企業或其他非營利組織參與？還是，政府只管提大社會政策，卻不管真正的社會運作？

針對這件事，SEUK 的執行長彼得．霍布克（Peter Holbrook）很精要的指出，如果 CSH Surrey 對於醫療服務效率，如，降低等診時間、到院次數、提高生產力所做的改革，都無法讓他們贏得標案，那麼標榜互助合作的組織類型有何前途可言？政府不能只是開放市場，更須創造一個有益於社會整體的公平市場。有些財務標準的門檻，阻絕了社會企業參與競爭的機會，影響所及，不是標案落入金光閃閃的企業手中，就是迫使社會企業退出競爭行列。

到 2016 年為止，NHS 還會陸續釋出高達 85 億英鎊的社區健康服務案，面對如此的大餅，社會企業的發展策略或者要規模夠大、降低成本、或者切出最有利基的市場來經營。儘管，社會企業或多或少，都面臨管理與策略上的問題，而這些管理上的問題，可以透過持續投資在學習管理知能上，邊做邊學來累積經驗，獲得競爭優勢。但是，制度環境的設計不良影響了剛起步的社會企業生存空間。

制度上的微調與社會行銷的拓展

社會企業主管機關的改隸

從英國政府在 2001 年正式成立「社會企業小組」發展社會企業政策以來，到今年為止，已有 16 年的時間。根據英國政府的統計，英國現有 7 萬家社會企業，貢獻 240 億英鎊產值，雇用了 100 萬人。自 2005 年修改公司法設立新型態的社區利益公司（Community Interest Company）型態後，也成立了高達 11,000 家。雖然社會企業模式不是解決當代社會問題的萬靈丹，但是，結合商業手法與公益使命，運用消費採購的力量，透過市場競爭來實現社會、經濟與環境的營運模式，不只逐步的深入英國各社區角落，更吸引許多公私部門成立基金投入來加速社會企業的成長，擴大社會效益的規模，讓英國成為全球社會投資市場的中心。

儘管，社會企業部門所發揮投資效益逐漸顯現，不過，在 2016 年 7 月 13 日就任的英國首相梅依（Theresa May），在 7 月 21 日就發布行政命令，將原本由內閣辦公室市民社會辦公室（Office for Civil Society，OCS）有關社會企業、社會投資、社會行動、青年政策以及全國市民服務等業務移出內閣，轉交給掌管文化與創意產業的文化、媒體暨運動部（Department for Culture, Media, and Sport，DCMS）。

重新整合分散資源，有效管理資金挹注

民間的一方擔心，將市民社會辦公室的職權移轉不當。讓原有已經逐漸發展出以永續營運方式來解決英國社會問題的社會企業、社會投資與互助合作的部門，因權責移轉而遠離決策中樞，被邊緣化，可能讓社會企業部門面臨難以為繼的窘境，尤其是此時此刻需要深化創新經濟的英國，非常需要能夠持續發展的社會企業政策，提高社會融入的效益，降低社會排除的效果。為了不因失去政策加持而無所依附，前功盡棄之憂，因而主張，與其歸給文化、

媒體暨運動部，倒不如歸給新設立的商業、能源暨產業策略部（Department for Business, Energy and Industrial Strategy），至少還是歸屬於商業經濟部門的管轄之下，維持住經濟的特性。

而梅依首相的考慮是，一方面著眼於將這幾年來市民社會辦公室所積極從事壯大市民社會的能量，挹注到具有高度商業利益與經濟產值的文化、媒體暨運動部運作體系內，兩相結合之下，能夠同時保有英國獨步全球的文化創意產業活力，也可以成就更具社會參與、生活品質更好的市民社會。另一方面，重新整合分散的資源，單一事權，尤其是將管理、分配全英國大樂透基金（Big Lottery Fund）的運作都也歸由文化、媒體與運動部單獨負責，有效管理資金挹注的配套措施，也未嘗不是合理之舉。

在發展文創產業政策方面，英國是第一個將創業產業制度化，並且列為國家政策的國家，施行的成效也領先全球。文化、媒體暨運動部在 2016 年 6 月發表的文化產業就業狀況（Creative Industries：Focus on Employment）顯示，2016 年是一鳴驚人的年份，創意產業值已經高達 841 億英鎊。比起一般經濟部門的產值，2014 年的成長率就高達 8.9%，增加了 190 萬個工作機會。如果從更寬廣的創意經濟（creative economy）角度來看，更是提高到 290 萬個工作機會。不管是在就業效益、出口外銷，以及消費方面，都成為各國探究的典範。

實現社會、環境與經濟的三重價值的新主張

文創產業的產值固然高過社會企業部門，不過，社會企業部門針對社區利益與社會公益所達成的社會納入效果（social inclusion），遠非強調經濟收益的文創產業所能企及。然而，英國社會企業與文創產業在過去 20 年間的發展並非沒有交集，英國的社會企業不只與文創產業一樣，都使用創新、創業的語言與永續的營運模式，更注重於實現社會、環境與經濟的三重價值的新主張。知名的社會企業的案例早已說明兩相結合，具有加乘的效果。

雖然改隸事件引發非營利組織、第三部門與社會企業部門許多團體與領導人

物質疑社會企業政策權責的歸屬，以及是否能持續發展的不安，卻未影響英國發展社會企業政策的永續性，以及平衡經濟與社會價值的方向感。將社會企業的業務發展移轉管轄給文化與創意產業的文化、媒體暨運動部所以引起的紛爭與疑慮，政府與民間的說法各有所本，一時之間也很難評斷雙方的考量孰優孰劣。

因此，重新劃定政府主管部門權責，可以讓社會企業與文創產業在各自的基礎上，匯聚各自發展 20 年的政策效益、以社會企業所拓展的社區基礎，加入文創產業對社區生活品質的豐潤，社會與文化資本兩者的加乘效應，重新鎔鑄產業邊界，或許是下一波發展重點之所在。

回顧英國社會企業的發展軌跡，不管保守黨、工黨或是聯合政府，莫不沿著建構適合發展社會企業生態環境的政策行動綱領前進。政府除了修改不合時宜的法規以便符合發展社會創新組織的趨勢之外，也在政策上統合各部會政策資源，改變補助方式，逐步將社會企業政策深化到聯合王國轄內的蘇格蘭、英格蘭、威爾斯以及北愛爾蘭等行政區域內。

鞏固在地經濟，增加就業機會

而民間非營利組織方面，除了大力倡議培育具有市場競爭力的核心營運能力之外，也同時積極建構社區網絡以擴大社會各界參與，發展出因地制宜的社區經濟模式。更重要的是，為了讓社會企業能夠進入消費市場，民間組織與各級政府、議會議員聯手出擊，發展出全國性 Buy Social 的行銷活動。一方面，可以全面提高消費者的社會消費意識，捲動公益消費的力量；另一方面，也可以面向更廣大的消費族群，提供具競爭力的產品與服務，來打造社會企業之間完整的供應鏈。也因此，讓許多對於公益商機有興趣的商業部門也能夠迅速與社會企業快速連結，在使用相同的商業語言、思維、與營運模式的基礎上，來平衡社會利益與經濟發展之間的價值，鞏固在地經濟，增加就業。

在 2013 年到 2014 年之間，可以說是英國發展社會企業的政策與法律架構的穩定期，為英國成為全球社會投資市場，以及發展全國性的社會企業行銷活動奠下堅實的制度基礎。在這段期間所施行的政策，也都有了顯著的社會效益，甚至引起全球仿效的浪潮。

1. 2010 年率先施行以社會投資工具來降低更生人再犯率的社會效能債券（Social Impact Bonds）。2015 年的效益評估顯示，與對照組（control group）比起來，實驗組的更生人降低了 8.4% 的再犯率。到 2016 年為止，全球共有 60 檔社會效能債券在 15 個國家發行，約有 2 億美元的投資用在解決社會問題之上。其中，共有 22 檔已經公佈結果，21 檔對於受益者具有正向效益。12 檔已經針對達到成果而幾付應支付的款項，4 檔債券的給付已經償還原始投資人的投資金額。

2. 2013 年通過的社會價值法案要求地方政府在執行一定金額以上（中央政府為 111,676 英鎊，其他公共機構為 172,514 英鎊）的委外勞務契約時，不能只考量最低價格，而必須考慮一定的社會影響效益。範圍包含所有公共服務市場，從健康、住房、運輸與回收等事務。此一立法用來平整慈善團體、社會企業以及社區事業等組織，在執行地方公益性服務時，能夠有機會與私人企業競爭。

   根據 2015 年 2 月 13 日公佈的兩年實施評估報告顯示，許多地方政府根據社會價值法案而增編預算，讓在地中小型企業組織執行公共勞務，而有益於在地經濟與社區價值。儘管，社會價值法中有關社會價值的界定與採購實務上，各有不同詮釋與理解；如何衡量社會價值也尚未充分發展而仍有很大的改善空間，不過，瑕不掩瑜，內閣辦公室也將據此而修改相關行政流程，以便讓法規的美意更廣為人知，發揮更大的社會效果。

3. 2013 年 6 月 SEUK 啟動「社會企業之地（Social Enterprise Places）」的先導性計畫，捲動全英國各社區角落投入社會企業的草根行動。通過審議委員會以 1 季或 2 個月為基礎的觀察後，已經有 19 個地方與城市成為社會企業之地的網絡節點。這些地區展示了地方草根力量高度的自立互助原則，不僅僅是啟動跨越公私部門與商業區塊的消費採購行動計畫，也影響了高達 540 萬名市民的生活態度與品質。

在 2014 年 9 月開開始啟動全國性的「社會星期六」行銷專案，SEUK 說，2016 年社會星期六日的活動，在全英國各地舉辦 60 場活動，使得民眾認知社會企業的比率從 37% 提高到 51%。2017 年的社會星期六日則訂在 10 月 14 日。

4. 在 2013 年 6 月，英國舉辦 8 大工業國高峰會，英國首相卡麥隆（David Cameron）宣布倫敦將成為全球社會投資市場的中樞（global hub）。倫敦證券交易所也同時宣布啟動世界上第一個社會股市交易平台（Social Stock Exchange）。2013 年正式成立時，公開列出 12 個具有社會效益的企業，高達 5 億英鎊市值，到 2016 年底，已經有了 36 家，產值高達 23 億英鎊。但是，加拿大並沒有讓英國獨占鰲頭多久，在同年 9 月，在多倫多成立類似的交易平台 SVX（Social Venture Connexion），讓社會企業的尋資平台更具全球性。

英國為發展社會企業所做的制度變革，從各方倡議、針對有志於從事社會創新者的諮詢、訓練、輔導與陪伴的創業歷程，一直延伸到行政改革、立法變革、乃至於打造出一個適合社會企業發展與社會投資的生態環境，都只是一再印證，社會創新的關鍵在於挑戰既有界限，突破既有框架。如今看來，不只是個人、社區，乃至於整座城市，或者整個英國，都是社會企業的實驗場域。社會改革是一條長遠的路，無法在一個定點上駐足停留，只能在一連串努力的趨使下，持續向前。

社會企業之地（Social Enterprise Places）的經驗

EUK 在 2013 年 6 月啟動社會企業之地計劃時，所預設的理由是，根據過往社會企業成立的經驗多在於最窮困的地區，而這些地區能否獲得完整且充分的資源而建立在地社會支持系統，頗有疑問。因此，必須透過彈性且永續的營運手法，甚至整合各種跨越公私部門的資源，來找出適合該地區居民的就業模式以及社區最迫切的問題。

在第一年實施時，遠在 Cumbria 的小村落「Alston Moor」，就獲得第一屆社會企業小鎮（Social Enterprise Town）的認證。這小鎮只有 995 戶、2000 位居民，卻發展出 20 家社會企業，等於約 50 戶就有一家社會企業，大概也就是全鎮都是社會企業，總共創造了 1 年 150 萬英鎊產值。

到底成立哪些社會企業呢？

1. Alston Moor Film club（Simon Danby 創立於 2009）：由於離最近的電影院有 40 英哩之遠，因此每月放映一部由居民票選的電影。

2. Alston Moor Community Transport：離最近的城鎮有 20 英哩。從 2001 年開始，成立有限責任公司並註冊為慈善公司，由一群志願者成立委員會管理，購買迷你小巴，提供運輸服務。以里程計費，所收取費用用來給付管理成本、油料與維修。25 名志願司機以勞務捐贈方式提供駕駛服務。只對社區組織開放服務，以免影響小黃與巴士營運。

3. Nenthead Community Snowplough：創立於 2011 年的社區利益公司，提供鏟雪服務。與 Cumbria County Council 簽約負責鏟除 Nenthead 村落周邊道路積雪。由 5 名志願司機負責鏟雪車的駕駛工作。

4. Nenthead Community Shop & Post Office：社區柑仔店與郵局。由 100 名社區居民集資 1 萬英鎊成立社區合作社，不然就得往返 10 英哩的路程來購買日常用品。

5. Cybermoor：社區擁有的合作社，提供無線網際網路、為住家店家安裝電腦等資訊服務。

6. Alston Moor Partnership：因拿到一筆社區發展贊助金而成立的有限責任公司，負責讓社區的生活品質變得更好。業務範圍不只是行銷社區、商圈、旅遊乃至於改善社區老舊歷史建築等等。

7. Alston Wholefoods：成立於 1998 年的合作社。提供居民各種生鮮食品。

Alston Moore 的成功，自然引起相當多的關注。SEUK 進行訪談研究時，發現到成功的要素在於：社區居民的自信心。在面對公共服務縮減時，決心透過社會企業方案來改變社區。在策略上，必須獲得公眾支持與理解，並且使用社會企業模式來解決社區問題。來自行政首長、郡議會以及不同層級的行政單位，以及民間團體 Cumbria Social Enterprise Partnership and Alston Moor Partnership 等單位的大力支持。

Alston Moor 的案例，就是居民獨力完成的自立方案，直接把社會企業安放在重建偏鄉地區在地經濟的核心位置之上。因此，而引發了全國性的社會企業之地的風潮。到目前為止，共有 19 個地方風風火火的在進行社會企業之地行動方案，另外包含一處海外之地一位於義大利的小鎮 Vento。

提高社會企業成功率的共同因素

SEUK 在 2017 年出版了從 2014 年 1 月到 2016 年 12 月之間，執行社會企業之地方案的檢討報告《Building inclusive and resilient social economies》。從報告標題上不難想見，SEUK 把社會企業當成是對偏鄉地區所帶來的彈性就業與經濟發展方案的解方。

地點	類型
Alston Moor	Social Enterprise Town
Bristol	Social Enterprise City
Cambridgeshire	Social Enterprise County
Conwy	Social Enterprise County
Cornwall & Isles of Scilly	Social Enterprise Zone
Croydon	Social Enterprise Borough
Digbeth	Social Enterprise Quarter
Durham	Social Enterprise County
Gateshead	Social Enterprise Borough
Great Yarmouth	Social Enterprise Borough
Greenwich	Social Enterprise Borough
Gwynedd	Social Enterprise Borough
Oxfordshire	Social Enterprise County
Plymouth	Social Enterprise City
Salford	Social Enterprise City
Solent	Social Enterprise Zone
Sunderland	Social Enterprise City
Sutton	Social Enterprise Borough
Wrexham	Social Enterprise Town
Veneto（Italy）	Social Enterprise Region（International place）

為了提高社會企業的成功率，SEUK 總結了這 19 個案例之所以成功的共同因素：

1. 具有職能、自信以及合夥鬥陣能力的關鍵人物。

2. 社會與經濟的弱勢地區。在英國有 3 分之 1 的社會企業位於前 20% 的弱勢地區內，社會企業的存在與弱勢地區的需求息息相關。

3. 地理區位。多數的地區與主流經濟的中心位置因為距離而形成孤島，社區因而必須走向自立自足、互助支持的模式。

4. 制度支持。這些地區都獲得議會、大學、住宅協會以及大型私部門組織挹注各種資源與相互信任的支持。

5. 歷史與文化的影響。許多地區本身的歷史文化背景就很強調走出自己道路，不曲意順從的風格，而具有獨立思考與行動的能力。

基於以上的歸因，SEUK 也提出相應的建議給其他想投入社會企業之地的組織。

1. 必須具有跨領域、跨部門的合作心態以及行動，才能發揮綜合效果。

2. 透過成功案例來提高公眾的知覺與意識。關鍵人物無法移植到其他地區，但是，成功案例可以啟發決策與思維。

3. 以顧客為基礎。許多地區認為支持與財務至關緊要，但是，市場也同要重要，重點是產品與服務所呈現的社會價值能否為大眾所接受，進而支持社會企業。

4. 善用地區組織所獲得策略地位來吸引全國性的肯定與認同。

5. 設定目標，舉辦因時因地制宜的活動來強化不同社會網絡之間的黏聚度。

與 15 餐廳齊名的 Bikeworks

Dave Miller 與 Jim Blakemore 於 2006 年 9 月註冊為社區利益公司，就在倫敦宣布舉辦 30 屆夏季奧運之後。並在 2007 年 3 月在 Victoria Park 成立首家店面開始營運。2008 年春季時，在 Tower Hamlets 開設第二家店。第 3、4 家位於 Leytonstone 店位於 Waltham Forest and Newham 區。而 Dave 在 2014 年離開。

顧名思義，Bikeworks 的營運核心就是環繞著自行車而來。透過自行車這項工具，不只讓自行車能夠成為所有人易於接觸的行動工具，與包括適合身障長者使用的自行車。同時，能夠發揮環境的效益，降低碳排放、減少棄置自行車。在實際運作上，從新、二手車的買賣，訓練與維修（稱為自行車博士 -Dr. Bike）以及周邊產品，如，安全帽、車鎖、車燈等，能提高修車就業技能，增加就業機會。

Blakemore 說，Bikeworks 的概念起源於他的夥伴 --Zoe Portlock 在取得 University of East London 社會企業學位所寫的論文。當時是以一份有關經營自行車企業的商業計畫來呈現，目的要延續奧運的傳承，並能夠對在地社區發生一些改變。

更生人、失業者、尼特族，紛紛受惠

當時 Blakemore 正在劍橋經營自行車租賃事業，所以能夠幫助 Portlock 依照計畫創立事業。兩人一拍即合，立刻產生阿基米德的 Eureka，我找到了，或者說是，Aha Moment一頓悟時刻。當時，Dave Miller 也在倫敦從事類似的工作。Blakemore 與 Miller 會面之後，決定一起合作，隨即在 2006 年進行。

Blakemore 早年在到處擔任 DJ，利用閒暇教導身障朋友如何擔任 DJ 的工作。

透過 Portlock 的計畫，就把生意與社會目的給結合起來。於是，他把租賃業務的股份賣掉，跟 Miller 與 Portlock 一起來準備實現這個夢想。

剛開始的時候，還有接受一些贊助，後來馬上就有現金收益。由於經常性的開支不高，而且雇用短期工，因而可以與議會提供訓練課程，並進行其他計畫。2007 年已經贏得 Newham 議會（ Newham Council），在倫敦地區的 3 個零售店合約計佔了總營收一半以上。雇用的人手也擴及更生人、長期失業者、以及未就學、未就業，以及未職訓的尼特族（NEETs，not in education, employed or training）。

進到店面看，有高級自行車、零件，也有從廢棄場回收重新修好的二手自行車，現場可以買，網上也可訂購，既提供修車服務，也有培訓課程。除非有一定的數量，或是高品質的腳踏車要捐贈，否則不會出門收運。

Bikeworks 現有 3 個零售店，三個訓練中心與身障俱樂部。網站上有個計數器，顯示著：2016 年修了 970 輛自行車，教 450 人學會騎車，訓練 200 名技師，安置 34 名就業。

到目前為止，Bikeworks 的模式運作的相當成功。2014 年整體營收有 150 萬英鎊，而且是年年成長。Blakemore 說，這得歸功於嚴謹的營收計畫。自有營收占了 80%，20% 是來自於外部贊助。

日本德島彩（irodori）株式會社「匪姨所思」的花葉經濟

在提到亞洲的社會企業時，日本德島的彩（irodori）株式會社並不能遺漏。遠見雜誌在 2007 年就已經有報導，可是現在已經過了 10 年，到底怎樣呢？有沒有更新的追蹤呢？

當時聽聞彩的「花葉經濟」時，真有點匪姨所思。

為何是姨？就是上勝町的 900 多名老人家中，有 190 位左右的阿姨，採集居家附近的南天、銀杏、紫蘇、楓葉等葉子，再將這些樹葉整理、裝盒，再親自開車送到附近「彩（irodori）」株式會社的倉庫集散地，再送往外地銷售。

如何所思？就是賣樹葉，能賺錢嗎？運用銀髮人力繼續勞動，心情開心，身體健康，也能賺錢。不只是活到老，學到老，更是做到老，賺到老，健康快樂到老。這是幻術、魔法嗎？

上勝町也是人口減少與社區高齡化嚴重之地，人口 1,800，高齡人口佔 50%。木材與蜜柑是重要物產。不用做 SWOT 分析，也可以看到位於海拔 200 到 700 公尺的上勝町，雖有梯田、有山林、溪谷、溫泉，但是，產業凋零，青壯人口外流，社區凋敝。

1986 年，當時 28 歲的橫石知二，正擔任農協（農會）的農事指導員。去大阪出差，到壽司店用餐後，發現日本料理上的花葉盤飾「妻物」相當漂亮。靈機一動，想賣葉子。回去跟居民表白時，居民對這想法一笑置之，只有 4 位居民決定跟著橫石走「花業經濟」的路，採摘花朵和當時町內不足 20 款的樹葉，一盒 10 片只售 5 至 10 日圓。

不要懷疑！ 樹葉也能變黃金

現在彩的網頁上，有一張照片是把狸跟橫石並置，因為當橫石跟居民說要賣樹葉時，有位大嬸還笑他自以為是狸（日本傳說狸會法術），竟然以為自己可以將樹葉變成鈔票。結果，樹葉竟然真的變鈔票。

一開始當然賣不出去，所以，橫石就四處到高級日本料亭跟廚師博感情，學習妻物的裝飾美學。發現到高級料亭的飾物總不能放個被蟲咬過的花葉，所以品質很重要。通路是王，所以，他也走遍日本 47 個都道府縣。

第一年的營運狀況很慘，收入只有 116 萬日圓。之後賠了好幾年，把積蓄都賠光了。儘管如此，在 1987 年成立「彩（いろどり）」品牌，寓意於四季樹葉顏色多彩多變以及對町內老人晚年生活多姿多采的祝福。隨後，營運開始漸入佳境。1994 年營業額首度突破 1 億日元。

- 1998 年橫石和電信業者合作開發老人專用電腦軟體，並為每戶生產者裝設電腦。

- 1999 年由上勝町（類似鄉公所）與農家合設的農產運銷公司，葉子的年營業額約 2 億 6000 萬日圓，包括香菇、酸橘、柚子等，整體約 40 多億日圓。

- 2000 年，上勝町關閉了町內的 2 座垃圾焚化爐，町裡也沒有垃圾車在大街小巷收垃圾，村民必須自行將回收物送到集散中心。資源回收場設在介護預防活動中心旁，由 NPO 組織設了「くるくる工房」，由老人家將回收的舊衣物或用品，重新製作成生活雜貨，然後放到附設商店中銷售。

- 2003 年 9 月上勝町是日本第一個宣示「零垃圾宣言」的村落。要在 2020 年，將垃圾量降為零。目前上勝町的垃圾分類為 34 項，回收率高達 8 成。

- 2005 年上勝町推出「梯田所有制」，出租給都市人來這裡當假日農夫。

- 2007 年橫石知二被日文 Newsweek 選為「改變世界的創業家 100 人」。

- 2007 年 9 月橫石知二出版《そうだ、葉っぱを　ろう！（對了，就來賣葉子！）》，台灣版 2009 年出版，高寶出版社。

- 2007 年上勝町公營的老人院因為沒人入住而關門歇業。上勝町的老人比例全縣最高，但醫療花費卻是全縣最低。80 幾歲的老人年收 1、2 百萬圓，其他地方的老人領老人年金，他們卻還繼續繳稅金。

- 2011 年，彩株式會社開始研習生制度，五年來有 600 位年輕人從各地來研習，其中 24 位留下來工作。

- 2012 年 9 月彩的故事被拍成電影《人生、いろどり（It' s a beautiful life. Irodori）》

- 2013 年村裡開了有一家無包裝、零售的「上勝百貨店」，就是消費者必須自帶容器的「乾媽店」。2015 年原址改建成用回生建材與傢俱 BBQ 餐廳啤酒釀造廠。原上勝百貨店搬到町公所附近改名為「上勝雜貨店」，2016 年重新營業。

- 2013 年度彩的銷售額約 2 億 2300 萬日元。

現在每年「點綴花葉」的出貨超過 320 款葉片，包括楓葉、銀杏葉、南天竹、紫蘇、松葉、栗葉、柿子葉和竹葉等，可以是應全年季節變化，已佔日本市場需求量 8 成。每 10 片一盒的葉片售 250 至 300 日圓。

「彩」年賺 2 億，5% 撥作公司的營運成本、25% 提撥協助運輸的農協上勝町分支，其餘的 70% 全部回饋員工。

整理完這些，我還是維持匪夷所思的形容詞。

Buy Social 的社會行銷

從 2014 年開始，全英國最大的社會企業成員聯合組織 SEUK（Social Enterprise UK）就大力推展全國性的「社會星期六（Social Saturday）」行銷活動。當年定在 9 月 13 日，2015 年訂於 10 月 10 日，2016 年則定在 10 月 15 日。

在此之前，為了大力行銷社會企業的價值，英國的商業、技能與創新部（Department for Business, Skills and Innovation，BIS）與 SEUK 在 2012 年策畫社會企業日（Social Enterprise Day）。當年是定在 11 月 15 日，目標是希望改善社會企業彼此間很少相互採購的現象，因此，目標設定在相互採購（inter-trading）上。

不過，2011 年 SEUK 所做的調查已經顯示，社會企業的中位數營收已經從 2009 年的 17 萬 5000 英鎊，來到了 24 萬英鎊。兩年間增長了 37%，算是相當驚人的成長。社會企業的數量也來到 6 萬 8000 家。英國政府在 2010 年估計，貢獻英國經濟 240 億英鎊的產值。

當 Social Enterorise UK 在 2012 年開始行銷 Buy Social 的時候，6 個月內就吸引數量高達 1/3 的社會企業開始相互採購。許多公司也跟著響應，如，O2、皇家蘇格蘭銀行（RBS）、資誠（PwC）、德勤（Deloitte）、Landmarc（現在改為 Interserve）以及 Legal & General 法律事務所等，都把社會企業列入他們的企業供應鏈名單。當時，英國最大的營建商之一 Wates 則允諾到 2015 年之前要向社會企業採購 5 百萬英鎊。

SEUK 的 Buy Social 行銷思維

2014 年到 SEUK 參訪時，就看到了 Buy Social 的 logo。當時問夏綠蒂，她說，那是購買社會企業的產品與服務，或者，你可以將社會企業變成為你事業供應鏈的一環。這樣不只可以直接幫助社會企業，更可讓整個社會經濟的範疇更為壯大。Buy Social 就是 SEUK 的行銷社會企業的重要策略。

配合 Buy Social 的標示，SEUK 也發行會員標章，讓 SEUK 的會員有「我們是社會企業」（we are a social enterprise）團體感。不過，在使用此一標章時，需滿足以下原則：

1. 所經營的業務有明確的社會與環境使命，而且標明在組織章程中。

2. 企業組織的營收有一半（50%）是來自於交易行為；或者努力朝向達成營收一半的目標前進。

3. 能夠以社會使命為名，控制或是擁有組織自主性。（不同的組織型態，治理機制也不同）

4. 至少將盈餘或是利潤的一半（50%），重新投入社會使命中。

5. 組織的營運與所達成的社會影響是透明的。

SEUK 之所以設定這樣的原則，是著眼於強調社會企業組織的自主能力、利潤與社會使命間的平衡關係。當組織營收的結構有一半來自於交易行為時，意味著組織有生產能量足以獲利並維持組織主運作，而無須隨著補助捐贈金額多寡而影響組織業務的營運。在財務上擁有一定程度的獨立性時，不僅比較能還原回到第三部門的獨立精神，同時也讓組織所從事的社會使命，能夠生生不息，循環不已。然而，財務透明度以及所造成社會影響的效果與衝擊究竟如何，不只具有公共徵信效果，也是累積社會資本的必要舉措。

2012 年 SEUK 剛慶祝完十周年慶，也在 Third Sector Excellence Awards 中，獲得 the Big Impact Award。看起來 SEUK 已經走過初生期的摸索與碰撞，來自各界關注的眼光也日漸增多，SEUK 的管理與行銷手法，也顯得更加靈活。

在SEUK的會員中，並不全然都是SE，也有許多公私立的慈善團體與基金會、私人公司等不同類型的會員，因此，在Buy Social的行銷策略上，也分成兩種。如果是會員，而且滿足前述某些條件者，就貼上「我們是社會企業」的標章。若不是社會企業會員，那就貼上「我們支持社會企業」（we support social enterprise）標章。

還有什麼需要的配套措施呢？

SEUK也想到了，提供社會企業供應商名錄，讓各界參考。有趣的是，大家也好奇，如果會員不繳會費，卻仍繼續使用標章，SEUK會怎樣？

SEUK回答的相當有趣，我們會注意，同時也會借重社會企業社群內公平的遊戲規則。

我們離開的時候，夏綠蒂送給我們一人一本2012年的年度報告。若你上網下載，免費，拿即期印好的書面報告，一份10英鎊。SEUK，果然有社會企業本色。

有了這樣逐步升溫的社會支持，讓SEUK可以繼續擴大舉辦2013年的Buy Social行銷活動，目標就設定在改變社會企業家本身、商業界與消費者對社會企業的態度與行為。簡單講，就是鼓勵消費者運用消費力、公司運用採購權來購買社會企業的產品與服務。這是支持社會企業，最直接了當，最有效果的方式。

Buy Social推出後的效果很明顯，根據SEUK統計，消費者意識與購買量都提高不說，社會企業之間的相互採購也多了3分之1的量。許多私人公司聞訊後也都相繼投入，像O2（一家英國的通訊公司）、RBS（皇家蘇格蘭銀行）、PwC（資誠聯合會計師事務所）、Deloitte（勤業眾信會計師事務所），Landmarc（Interserve，一家營建公司）、Legal & General（法通保險公司）等，都把社會企業納入他們自家企業的供應鏈中。英國最大的營建公司之一Wates甚至保證，到2015年為止，向社會企業提供500萬英鎊的採購案。

Buy Social 也因此在 2014 年獲得 Third Sector 媒體所舉辦的 Third Sector Awards 獲得最佳行銷獎。

順著行銷的佳績，來發展社會採購市場，在經過 Social Enterprise UK、Social Enterprise West Midland 以及 City of London Corporation 的共同討論下，由 City of London Corporation、Aspire Group（有關住宅居住的慈善集團）、Social Enterprise UK 以及內閣辦公室的支持下，在 2014 年 6 月發行了 Buy Social Directory（buysocialdirectory.org.uk），以及社會企業供應鏈指南（The Social Enterprise Supply Chain Guide），讓公、私部門的組織和個別消費者與廠商都可以按圖索驥，依據需求進行採購。

這是全球最大的社會企業工商名錄，列出 1 萬家社會企業，其中有買家、供應商以及中介團體等。幾個月後，在內閣辦公室的支持下，英國也展開第一個針對一般消費者的 Social Saturday 行銷活動。

現在 Buy Social 成了社會企業全球知名的標誌，並且授權給加拿大與澳洲使用，中國與美國也準備上路。

SEUK 提供活動包，方便轉傳、發布訊息

「社會星期六」也是 Buy Social 整體行銷計畫的一部分。有了前幾年的行銷鋪陳，消費意識也提高、社會企業的家數與種類都增加，「社會星期六」也就順理成章的提高為全國層次的行銷活動。

2014 年，在全國首次舉辦的 Social Saturday 活動上，當時的英國首相 Cameron 說，每 7 家就有 1 家新創事業是社會企業，在鄉間、村落與城鎮，開設了許多咖啡店、餐廳、小鋪、苗圃花店等，營運時都強調以在地社區利益為優先目標。社會企業以買賣交易的方式來解決我們社會所面臨的一些問題與挑戰，這也是內閣辦公室與 BIS 強力支持社會企業的原因。

從 2015 年開始，SEUK 特地備有活動包（The Campaign Pack），讓不是那

麼擅長行銷的社會企業能夠很快的套用，方便各方社群運用社會媒體來轉傳、發布訊息。整個活動包的內容特別針對社會企業的需求來製作，從節日的 Logo、海報到社會企業對社會星期六有何助益？為何要用社會星期六來支持社會企業？如何發採訪通知、怎樣寫新聞稿、通知地方民意代表或國會議員、如何運用社會媒體來推播訊息，如 Twitter、臉書、Vine（影音分享軟體）、Instagram、Pinterest、Youtube 等，都可以下載，依照說明，填入相關訊息即可透過社會媒體發出。英政府估計，目前約有 180,000 家社會企業，約占全英國中小企業總數的 15%。儘管，英國已經成為全球最大社會企業部門的基地，英政府仍然運用公部門的政策力，與各方攜手，讓往正向發展的社會企業更形茁壯。

Buy Social 串連大型企業、財務公司、社會企業與消費者

為了讓日漸茁壯的社會企業部門更能進接市場的買氣，英國內閣辦公室跟 Social Enterprise UK 合作，在今年（2016）4 月推出 Buy Social Corporate Challenge 活動，打算在 2020 年之前，將英國企業採購社會企業的業務預算提高到 10 億英鎊。

這對強化社會企業的經濟支持度有相當大的誘因。因為，在內閣辦公室的加持下，從 2012 年開始舉辦善用購買力的行銷活動（Buy Social）已經把英國國內的大型企業、財務公司、社會企業與消費者串連起來。

英國市民社會（Minister of Civil Society）部長 Rob Wilson 在典禮當天說，這是全世界第一個創舉，把英國國內領先的企業、財務公司、社會企業與消費者串連起來，讓日漸蓬勃發展的社會企業可以進接企業市場、大眾消費以及公共採購的領域。

社會企業部門雇用高達 200 萬名員工

在英國，各界支持社會企業的氛圍愈來愈濃。

在企業端，愈越來愈多的企業認為，企業要能永續經營，必須對社會有正向的貢獻。而且愈來愈多的大公司關注企業本身的採購預算以向社會企業進行採購。

在消費者端，每 3 位英國消費者就有 1 位消費者願多付些價錢來購買對社會與環境有正向價值的產品或服務。

而且，社會企業也不再被視為是只能活躍於利基市場，在每 5 個英國企業中，就有 1 個企業以社會使命為核心事業，所構成的整體社會企業部門雇用高達

200 萬名員工。

在社會永續發展的目標之下，以更有效率、更有效益的採購流程來支持、實現企業與社會企業組織本身的目標。採購或購買的力量已經不再只是追求低價供應商品或服務，完成經濟循環的流程而已，更是涉及到社會與環境是否能夠永續發展的層面。因此，從最基礎的採購活動進行改變，反而成就了更具有策略整合意義的行動方案。

採購涉及到商品從製造、運送、分銷、零售，最終到消費者手上；其間涉及到上中下游各製造商、批發商、零售商等供應過程，也包含了金流、物流、資訊流等營運活動的整合。

如果，大型企業在供應鍊內廠商關係的選取可以更多元，開放給中小型的社會企業，一方面，不只增加在地就業機會，有益於在地的社區經濟，同時也降低運送成本，減少碳里程與碳排放。

雇用視障、身障或弱勢人士生產手做肥皂

另一方面，為了確保產品與服務的規格、數量與品質，準時與準確的交遞到消費者的手中，必須對於中小型社會企業採取協同、諮詢、輔導與陪伴的生產機制，來提升社會企業的商業專業能量。

大型企業與中小型社會企業建立彼此間長期信賴、利潤分享的社區網絡，也是間接的社會效益。

英國的資誠會計師事務所每年要花費 6 億英鎊採購，採行 Buy Social 的採購策略後，現在有 59 家社會企業成為供應商，項目從影像產品、清潔用品到巧克力不一而足。例如，全英國的 29 所辦公室，都向位於倫敦東北方，雇用視障、身障或弱勢人士生產手做肥皂的小型社會企業—The Soap Co.（現雇用 105 人，80% 是視障人士，母公司是 CLARITY Employment for Blind People），採購肥皂與護手霜。影響所及，除了讓 The Soap Co. 有穩定的

營收之外，也確保視障朋友的工作，強化支持性工作的職能。而 The Soap Co. 使用環保材料包裝，也達到環境永續的效益。可謂一舉數得。

企業版的 Buy Social 同樣也可以實現社會、環境與經濟的三重價值。

1. 鼓勵企業與一般消費者採購社會企業的產品或服務，等於把社會公益納入一般生活圈中。

2. 企業擴大採購社會企業產品與服務，不只深化了企業社會責任，也支持社會企業的社區解決方案。

3. 社會企業之間相互採購，強化了社會企業間的聯盟關係，不只擴大了社會企業部門的範疇，也擴大了消費者的選擇。

國會也動起來，成為社會企業的採購夥伴

近年來的英國，不管是保守黨或工黨都鼓勵地方政府、公部門、公司與個人，善用採購、消費的力量，把社會價值與環境保育等要素列入考慮，向具有社會責任的組織採購商品或服務。

在政策推動下，立法制訂下，民間參與下，已經蔚為一股風潮。

國會以立法或修法的方式來支持社會企業政策，固然有穩定政策，開創新局的效果，如，2005 年社區利益公司的公司法修正案，社會價值法案（2011）等等，但是，在實際執行層面，當然不能立完法就算了，而置身事外。

更重要且最有用，最以身作則的方法是，用議會的預算來採購社會企業的產品或服務。這是最直接的肯定與支持，也是最能鼓舞市民採購社會企業所生產的產品或服務的方法。

英國上下議院都在 2014 年 10 月被 Social Enterprise UK 認證成為 Buy Social 行銷活動的組織成員。與社會企業簽定的採購契約內的員工薪資也由位在倫敦的 Living Wage Foundation 所認證，必須符合足以在倫敦生活的水準。

提供學習或實習計畫，進用在地員工

國會採購主任 Veronica Daley 說（2016-7-11），以前，五萬英鎊的採購案都是找一般廠商，現在都可以從社會企業中尋找合適的供應商。這並不表示有五萬元的門檻，而是在說明，當社會價值放進公部門的採購案成為要件之一時，意味著政府採購必須能夠產生社會效益。例如，得標廠商必須要提供學習或實習計畫，進用在地員工，發展在地供應鏈等等。因此，英國國會雖沒有給出巨額標案，在 2014 年，總共有 370 個標案標出給社會企業。

英國國會的初步作法是，運用具有保護但不孤立的的圍欄策略（ring-fencing strategy），來簽訂圍欄契約（ring-fencing contract）的方式，來限定參與政府部門採購的資格或業務範疇，例如，限定履約期程，或是限定給庇護工場的資格等等，逐步讓社會企業能夠萌發茁壯的初期，能夠免於主流事業主要廠商的競爭，而逐步發展成為政府供應鏈的一環。

此外，針對在國會工作的員工，必須給付由 Living Wage Foundation 認證的一小時 9.75 英鎊（2015 年是 9.15 英鎊），足以在倫敦生活的時薪（2017 年 1 月時，全國是 8.45 英鎊）。

國會兩院自 2013 年就從 70,000 家社會企業中，採購相關產品或服務。目前有 6 家供應商，包含，Jubilee Hall Trust Gym（運動中心），the London Early Years Foundation Nurseries（托兒所），Belu Water（瓶裝水）、Divine Chocolate（甜點）、Peros（咖啡）、Carbon Culture（顧問公司，如何有效使用能源）。

至於，在英國決定脫歐後，會不會影響社會企業政策的續行？市民社會部部長 Rob Wilson 認為，新首相 Theresa May 仍會繼續支持社會企業政策，讓社會力更蓬勃，更強盛。

針對社會企業組織中的互助類別的修正：英國下議院出版「社會企業」政策報告

英國下議院（House of Commons）圖書館館方會依據國會立法議程的主題與政策興趣，提供深度與客觀事實的摘要或匯報給英國國會議員，以及其幕僚供立法、問政之用。

2016 年的 7 月 12 日，下議院圖書館出版了一份由 Tim Edmonds 以及 Jeanne Delebarre 所撰寫的「社會企業」研究報告。針對接連幾任政府所推動的社會企業政策的現狀進行簡要的梳理。此一研究摘要也會公布於網站上供社會大眾下載閱讀。

目前，英國的社會企業組織雖然有公司、互助社、合作社、慈善組織等等不同的型態，但是，實現社會公益優先於追求利潤極大化的特質卻是相同。在社會企業組織中，社區利益公司是新設的社會企業組織，恰好站在商業利益與社會公益之間，是最標準的社會企業模型。由於今年（2016）是社區利益公司誕生 10 周年，所以總數也衝到 12 萬家。第一年 238 家登記的 CIC 中，到目前有 110 家營運超過 10 年，永續營運的績效頗令人眼睛為之一亮。

更令人注意的是，在此一報告中花了相當的篇幅來釐清互助類別下不同型態的組織，在這幾年到底有哪些改變，因此，也特別引述英國財政部的報告來說明互助社的性質為何。

互助社（mutual societies）是指依據 the Building Societies, Friendly Societies and Industrial & Provident Societies Acts 登記的社團，具有下列幾項特質：

1. 由社員所有。

2. 社員平等，一人一票。

3. 成立目的在於滿足社員彼此間的需求，而不是為外部股東牟取利益，或是追求投資報酬。

4. 社員分享利潤。

合作社稅收遠高於臉書、亞馬遜、蘋果等公司

由於互助類型的社會企業組織與英國資本主義社會成形的過程，有著如影相隨的關係，到了 21 世紀之後也勢必隨著時代的變遷來進行某種程度的組織變革。根據目前的互助類型組織的運作的樣態，有如下的特性：

1. 全英國互助社部門的規模相當龐大，有 3,000 萬名社員，總資產超過 4,000 億英鎊。互助社（包含合作社）約有 7,500 家，經濟實力不容小覷，約有 1,150 億英鎊的營收，雇用 100 萬人。而橫跨全國的信用合作社社員約有 200 萬人。

2. 英國的合作社並沒有一致的統計數字。根據 2016 年統計，最大的營收來自零售與農業，數量最多的是運動、休閒與社會俱樂部。地理分布也因地而不同，在英格蘭與蘇格蘭最普遍。英格蘭的合作社最多 5,514 社，社員也最多 1337 萬人，營收最大 290 億英鎊，僱員最多 197,348 人。

3. 2014/15 年，前 5 大合作社貢獻 8,200 萬英鎊稅收，遠高於向臉書、亞馬遜、蘋果、eBay、星巴克等公司課徵的 5,200 萬英鎊還多。

4. 在合作社類別中，Co-operative Group 是最大咖，集團內分別擁有 6 大業務：食物、保險、生命禮儀、法律服務、電器產品與地產。但是，在 2008 年末到 2009 年間，銀行部門決定跟當時全國第二大的互助社 -Britannia Building Society 合併成為超級互助社（supermutual）。2011 年繼續併購 600 家 Lloyds Banking Group 的分行，導致 11.5 億英鎊財務缺口，而把 70% 的控制權轉讓給避險基金與外部投資人。雖然，後來進行 3 年重建策略，來導回合作社類型，注重社員利益與價值的運作正軌，不過，經過這

麼一轉折，到底社會企業部門應該怎樣運作，卻也變得有點令人困惑。

5. 住宅互助社（Building Society）具有 building and loan 的特性，是由會員集資幫助買屋蓋屋的互助組織。現在 30 歲以下的英國人大概無法理解 1980 年代中期之前，是如何的風光。之後，卻失去借貸買房或更新銀行與保險業務的核心競爭力，社員也放棄互助原則而去追求更高利潤，許多建築互助社紛紛變成銀行，小銀行接著又被大銀行併吞。唯一例外是 Nationwide Building Society，併購其他小社，成為中型規模的互助社，繼續提供借貸買房服務與銀行業務。雖然建築互助社還很重要，顧客黏著度與滿意度均高，但是，整體情勢還是逐步在改變。

   1986 年的 the Building Societies Act 允許互助社透支（overdraft）、投資股份與土地，因而釋放出新的業務、新的資金、新的營運模式。於是，這也就開啟了互助社股份化的浪潮（demutualization）。而股份化的互助社，能否在購併浪潮與銀行業務競爭下生存，還在未定之天。

   雖然有報告指出，互助社可以跟經營公司一樣有效率，業務表現也不遜於同業，但是，很多互助社具有地區性的利基市場，並無法像 Nationwide Building Society 一樣可以拓展到全國市場。儘管如此，建築互助社在房貸市場上仍扮演重要角色，2005 年上半年通過 189,000 件房貸案，占了 47% 的新貸案。若從 2012 年起算，則高達 517 億英鎊。

6. 信用合作社起於 19 世紀，英國先驅是 Robert Owen，德國是 Herman Schulze-Delitzsch，美國是 Alphonse Desjardin。但是，在英國普及率遠低於愛爾蘭（社員占人口的一半）、澳大利亞（20%）、美國（30%）。過去 20 年來，一直在倡議修法鬆綁信用合作社的營運範圍，以便獲得公共支持而變得更大，而躋身主流市場。

7. 工業互助社（industrial and provident society）/ Community Benefit Companies 是依據 1965 年 Industrial and Provident Societies Act 規定，以合作社，或為了社區利益而進行工商活動而成立。2014 年通過的 Co-

operative and Community Benefit Societies and Credit Unions Act，廢止了 1965 年的法規，其中規定，在 2014 年 8 月 1 日以後，依 1965 年法規成立的工業互助社，被稱為已註冊的互助社。依據 2014 年新法成立的組織稱為合作互助社（co-operative society）或社區利益互助社（community benefit society，CBs）。

CBs 不是公司，但是可以變更為公司型態。只有在為了改進社員的勞動處境或社區的目標之下，才可以成立合作互助社。目前有 9,000 個合作互助社，接受金融監理局（Financial Conduct Authority，FCA）管轄，因為有金融與借貸業務。比起 1965 年的法規，2014 年的新法相當程度限縮營運範圍，而且要確保營運對準公益與社區的焦點，以及利潤與組織資產能夠鎖定在社區網絡內。

看了上述的合作社與社區利益的分野，外行人看熱鬧，欲剪還亂，治絲益棼。所以金融監理局自己就擬了幾個判準供大家明辨慎思之。

合作社解散時，資產必須用於慈善目的

合作社組織應該呈現以下的特質：

1. 所有社員共同的經濟、社會或文化需求，或共同利益。

2. 為社員利益而進行商業行為，社員的利潤分配，以社員參與交易額之多寡為標準。

3. 控制權。社員一人一票，投票權平等。合作社職務定期改選。

4. 股金利息與借貸資金不能超過獲得與保留足夠資金來營運所需的利率。2014 年的法律規定，如果合作社的目的在於獲利以償付投資或借貸金額的利息、股息或紅利，就不是一個真正的合作社。

5. 利潤。如果合作社允許分配盈餘，依據社員交易比例分配。

6. 社員資格限制。通常是開放性，違反合作社立社原則為例外，例如，俱樂部會員人數受限於規模，或是建築互助社會員受限於自建房物的建地規模。

社區利益互助社應呈現以下特性：

1. 商業行為。基本上不是以社員，而是以一般人或是社區的利益而進行商業行為，通常是具有慈善事業特性。

2. 通常，發行比票面股金高的情況並不常見，一旦發行高於票面股金，或是社員借貸給合作社、或是兩者兼具，互助社所給付之利息不能高於獲得與保留足夠資金來營運所需的利率。

3. 利潤與資產，不能分配給社員。利潤必須再投資回所從事的事業中，或是與主要事業相似的目標，如果有受益人的話，必須具體說明。若要出售資產，也必須只能用來增進互助社的商業活動。

4. 解散。解散時，不能將資產分配給社員，必須移轉給具有相類似目的的組織體，若無類似組織，則必須用於慈善目的。

針對互助類型組織的調整，多少也反映出以社會經濟來彌補市場經濟所造成貧富問題的走向，日漸受到廣泛的注目。

歐盟的社會企業政策

歐盟與英國的社會企業政策走向相當不同，英國帶有市場經濟的色彩，歐盟則是維持社會經濟的傳統。但是，不管如何的路向，他們都認為，提高社會大眾對社會企業的認知度，有助於社會大眾的接受度。因此，社會識別很重要（Social Recognition Matters.）

在歐盟推動各國社會企業的經驗中，約有兩派作風。一是將社會企業當成是新的組織形式。另一種則是放在更寬廣的社會經濟部門組織與架構中來理解。

如果是把社會企業視為是一種新的組織型態，通常有 3 種做法；

1. 修正既有的法律形式，以符合社會企業資格。例如，調整合作社的形式以便能夠處理一般性的社會目標。

2. 透過授權全部或一部既有的法律形式，使之具有社會企業的資格。

3. 設立新的法律形式。用以管理、規範新型態的社會企業活動。

不管是哪一種作法，都會面臨到不管是正在進行轉型與否的草根組織、合作社、協會等等，極力遊說政府部門，能夠賦予結合社會與經濟使命的社會企業組織一個正當的名稱。

在尋求更廣泛認定社會企業的主張中，通常較少注意社會企業的定義，往往使用更寬廣的意義來理解社會企業。例如，在比利時、法國、波蘭、葡萄牙與西班牙等國家，在使用有些內容重疊的「社會經濟」、「社會與連帶經濟（social and solidarity economy）」，以及「第三部門」的語彙時，通常也將社會企業包含在內。

著重社會公益領域，關注社區利益活動

當各國立法管理社會企業的活動時，通常分成 3 類領域：

1. 集中在傳統的福利服務之上。
2. 更寬廣的社會公益領域（如，英國、比利時、法國），關注社區利益的活動，如，社會住宅，再生能源的生產與消費、環境、文化與娛樂服務等等（愛爾蘭、義大利、波蘭、西班牙）。
3. 專指工作整合社會企業（WISE）。不過，值得注意的是，把工作整合社會企業當成社會企業，可能會降低政府與社會接受與承認社會企業的程度，而忽略掉社會企業是一個多元且蓬勃的運動，所成就的社會效益也不只是社會整合而已。

當然，社會企業也不是沒有抗拒的聲浪，尤其是傳統的福利組織，有些不願承認社會企業具有創新動力；有時還認為社會企業是競爭者。奧地利與德國就是典型例子，德國強大的第三部門所提供的服務，使得德國社會不那麼樂意認為社會企業具有廣泛的制度動力。

在大多數歐盟的成員國中，社會企業之所以未完全被認可的原因不只是公部門欠缺完整的法治架構以及財政贊助，各種不同型態的社會企業組織本身，有些無力為自己發聲，更別說是整合、匯聚各種不同的聲音。

由於許多成員國的社會企業大多涉及到福利服務的輸送，因此，社會企業的多樣發展與規模的大小，就與公部門對社會福利服務政策的寬鬆緊密相連。尤其是面對高齡化社會、居高不下的失業率、經濟的緊縮與社會排除等等社會壓力愈來愈大，迫使公部門與社會企業的關係，必須從提高效率的角度來驅動福利服務。例如，在比利時與法國，傳統的協會原本就扮演著福利服務輸送的角色。

在愛爾蘭、義大利與西班牙，儘管公部門的福利服務情況不佳，但是，非營利部門也只是扮演邊緣角色，多以倡議活動來影響政府政策。在北歐國家，因為福利服務網較為完整，所以留給私人組織提供服務的空間不大。過去數十年間，私有化的風潮也逐漸興起。

影響社會企業快速進展或是阻礙不前的另一個重要因素是行政與財政地方分權化的程度。許多歐盟的新成員國，如，克羅埃西亞、捷克、斯洛維尼亞等採行中央集權政策，導致地方單位難以與社會企業形成夥伴關係。相反的，地方分權較多的國家，地方政府與社會企業的夥伴關係，成果豐碩。

歐盟怎麼安放社會企業組織

社會企業能夠扮演處理好社會與環境挑戰的角色，而且有足夠能量來發展多元、創新與包容性的經濟體系，已經引起愈來愈多國家與各界人士的關注與興趣。但是，社會企業在歐洲究竟有多大的規模與特性，卻還是一塊有待政策拓荒與學術探究的領域。

在歐盟社會經濟部門內的 5 種組織型態中，社會企業組織最具有經濟運作的特質，因而被視為是新經濟模式的運轉手（operator）角色，把社會使命與創新創業精神與經濟能量連接起來，關注環境永續，達成社會納入融合的效果。

相較於其他種組織類型—合作社、互助社、協會、基金會—的歷史履歷來看，以經濟運作模式為優勢的社會企業組織就顯得像是初入社會的年輕人。為了讓社會企業能夠在社會經濟部門能夠有立足點的平等來運作，歐盟執委會打算創造一個適合社會企業組織發展的財務金融、行政與法制的生態環境體系，讓社會企業組織也能夠跟一般企業一樣得以永續發展。因此，在 2011 年就啟動了一項短期行動方案 -- 社會企業倡議（Social Business Initiative，SBI），來逐步落實幫助社會企業發展的政策，並以此期的實行經驗來設定、修正中、長期的發展目標。

那，歐盟怎樣看待社會企業呢？

員工、消費者與利害關係人，參與決策，共同負責

歐盟認為，社會企業雖是坐落在社會經濟部門內運轉的單位，但是，為了社會公益目的而進行商業交易的新經濟模式，翻轉了對社會公益的既有想像。在組織的生命目標中，強調社會影響力比股東或所有者的利益還來得重要。

運作起來往往是以創新與創業精神的風格來提供產品或服務，並運用所獲得的大部分利潤，再投資於所要成就的社會目標。而且管理方式則開放給員工、消費者與利害關係人，參與決策，共同負責。

歐盟執委會所使用的定義，就是 EMES 強調的創新創業（entrepreneurial）、

社會與自主治理（governance）的要素性定義。歐盟執委會之所以採用要素性的定義，反映了歐盟各成員對社會企業有不同想像、政策、法制、做法與發展進程，因此，需要一個具有共同的實行綱領讓各國可以依據不同的政治、文化、經濟、與福利社會的條件，擬定各自發展進程。

歐盟成員國有 28 個成員國，這是一項很大的挑戰。

儘管如此，歐盟執委會在 2013 年 4 月啟動了一項研究計畫，來呼應 2011 年社會企業倡議的第 5 行動方案，以增加對社會企業的理解程度。此一計畫以歐盟 28 個成員國加上瑞士，共有 29 國為研究對象，運用相同的運作性定義與研究法，來觀察、描述、並繪出 29 國的社會企業活動與生態體系的輪廓。2014 年 10 月，完成了 29 國的「社會企業地圖」報告。

歐盟的社會企業地圖

在 2014 年完成的社會企業地圖報告中，為了要確認一個組織是否可以被歸類為歐盟的社會經濟組織，而運用了一組操作可能性的核心指標來判定。

1. 組織必須進行經濟活動，而且是連續性的商品或服務的商業交易活動。

2. 組織所追求的社會目標必須很明確，對社會有益。

3. 限制利潤與資產的分配，確保社會目標優於利潤的追求。

4. 組織必須能夠獨立運作，不受國家或其他營利組織的控制與影響。

5. 必須參與式或民主的治理機制。

儘管歐盟確定了社會企業的定義與判準，但是，在實際操作上是被視為是韋伯（Weberian）式的理想類型定義，用來比較、分析不同的國家所發展出來各有不同風貌的社會企業現象。因此，各國的社會企業都擁有一些共同特點，卻又在某些指標上的表現有所差異。舉幾個例子來說。

1. 在 29 個國家中，有 20 個國家有全國性的定義，其中有 6 個國家並未強調社會企業一定具有自主治理的模式。而其餘的 9 個國家沒有全國性定義，自主治理也不是社會企業的指標。

2. 在大多數的國家中，對獨立自主治理的理解各有不同。有些是指管理的自主性，有些是指獨立於國家控制之外。只有義大利與葡萄牙強調必須外於國家影響，以及不受傳統營利組織的控制。

3. 芬蘭、立陶宛、波蘭、斯洛維亞與瑞典等國有將社會企業形諸於法規與政策文件中，但是，卻很限縮的指稱社會企業是「工作整合社會企業（Work Integration Social Enterprise, WISE）」，而排除其他種類的社會企業。

4. 有些國家則為社會企業組織量身訂做一套新的法制規範與法律地位。例如，義大利與波蘭的社會合作社（social co-operatives）；法國的 Societe Cooperative d' Interet Collectifs）；英國的（Community Interest Company）。有些國家則並未大幅更動法制結構，只要符合一些標準即可獲得法律地位（legal status），如，義大利，比利時的（Social Purpose Company）。

5. 芬蘭、德國、波蘭與英國等 4 個國家則有特定的社會企業標章或認證的機制，來提供社會企業的能見度與認同。

6. 雖然愈來愈多國家以法制與制度化的方式來處理社會企業組織，但是，也不見得全面掌握了在事實上（defacto）從事與社會企業組織業務相同的事，例如，協會與基金會同樣也進行商業活動；合作社服務社員的集體、共同利益；有些主流的企業組織型式明確的設定想要追求的社會目標。

歐盟指出，社會企業組織沒有單一的法律形式

儘管歐盟各成員國各自有不同的作法，卻也還是在異中求同中，逐漸的靠攏併肩走向更寬廣的社會經濟領域。

可以很確定的是，歐盟指出，社會企業組織沒有單一的法律形式。不同的組織各自擅場，可以讓社區居民依據不同的目的與需求來選用。許多社會經濟部門的組織以社會合作社（social cooperative）的方式運作，有些則註冊為有限責任公司、有些是互助社，大部分則是非營利組織費下的協會、志願組織、慈善組織或是基金會。

歐盟甚至指明社會企業可以運作的領域：

1. 工作整合（wrok integration）：幫助身心障礙者與長期未就業者，進行

職能訓練，並整合進入工作模式。

2. 個人社會服務：健康服務與管理、福利與醫療照顧、職業訓練、教育、兒童與長者的照顧服務、或是對身心障礙者與社會弱勢的協助。

3. 在地／弱勢地區的發展：偏遠偏鄉地區、都會鄰里的發展與再生、援助發展與第三國合作發展。

4. 其他類別：如，資源再生、環境保育、運動、藝術、文化或歷史保存、科學、研究與創新、消費者保護等。

儘管，目前歐盟社會企業組織的數量還無法與主流企業相比，卻也一直朝成長的趨勢走。在 2014 年出版歐盟社會企業地圖之後，今年（2016）已完成了7個國家（ France, Italy, Spain, Belgium, Ireland, Slovakia與 Poland）的更新版。如果，社會經濟部門沒有發揮就業與社會融入的效果，大概也不需要這麼快就推出更新版了。

歐盟執委會的社會企業政策思考

歐盟對成員國 2016 年的社會企業發展報告剛出爐，檢視了許多成員國發展社會企業的經驗。

在歐盟執委會設定的架構下，個別成員國在推動社會企業政策時，都依循著歐盟擬定的社會企業三大面向—創新創業、社會與參與治理，來混合、調節不同要素間的比重，塑造該國的社會企業風貌。

儘管，各成員國之間有著福利系統完整的程度不同、非營利部門發展不一、是否具有合作社傳統以及針對社會企業特別立法等等的國情差異，歐盟各國展現的社會企業組織樣態，各有各的道道理。

可以確定的是，歐盟的社會企業組織涉及了多種不同的法律與組織型態，多樣的社會企業呈現出對不同公益領域的專注與興趣，與公部門的關係也相當多元發展。例如，法國極為重視社會企業高度參與的特性，而義大利的立法者比較在意利潤分配的限制。福利服務網比較完整的國家，如奧地利、德國與北歐國家，社會企業出現於福利服務所不及的利基區域；而在義大利與希臘，社會企業扮演滿足社會福利需求的角色。

由下而上的社區運動，促進社會企業的發展

在如此多樣的國情下，要如何齊一步伐，併肩走向歐洲一體的目標，著實是一項艱巨工程。

因此，歐盟執委會在構建社會企業的策略做法相當細膩且按部就班。首先，進行前導研究，綜理分梳各國國情的差異與發展狀態後，制定社會企業的要素性定義，以做為各國制定政策的參考座標。最後，針對不同的國情差異，

設定共同適用與區域平準的行動方案以及財務資助計畫，來建構適合社會企業發展的生態體系，擴大並深化社會企業的社會融入效果，讓社會經濟部門成為歐盟一體，打下社會連帶的基礎。

歐盟多樣的社會企業風景也意味著，受到各國由下而上的民間驅動力量與政府由上而下的政策導引所影響，歐盟各成員國各有其不同的發展路徑與基本格局。

由下而上的社區運動反映了市民參與公共事務的程度。程度愈高愈能捲動了人力資本以及財務資源的投入，甚至是啟動創業營運技巧的學習。為了解決社區未被滿足的需求而創建的社會企業，融入了創新創業、組織以及效率的特性，讓社會企業得以在擴大社區參與的基礎上，連結四方網絡資源，確保社區利益的可長可久。

有了強而有力的在地社區，社會企業也就有更多的能量反過來吸納更多的行動者、利害關係人參與產品與服務的提供，並且修正、設計福利系統的服務供給模式。

由下而上的社區運動之所以能促進社會企業的發展，是因為歐盟各國的民間協會、互助社、非營利慈善組織、合作社與志願服務等傳統，都早於當代的政府主體而發展。

反映在歐盟成員國中，若是社會連帶建立在家庭親屬關係以及非正式的社區交換關係上地區，社會企業較不普遍，而且有時顯得較為孤立，需要外部救援。

市民積極參與，提升公共意識基礎

社區運動並不是社會企業興起的唯一解釋。1960 年代的社會與文化的群眾運動、1990 年代前後的中歐與東歐的共產黨政權崩盤，以及生態的挑戰、責任消費的興起，以及全球的經濟與財政危機等，幾個外環境因素同樣扮演了振興社會企業運動的影響因素。尤其是與民間組織的公益傳統對接之後，更讓不同類型的社會企業聚攏於處理社會需求之上。

在如此多樣的民間組織中，許多社會企業都是以提倡社會正義、保護環境、支持以專業來整合社會弱勢、邊緣、沮喪社區的集體意識來啟動社會企業。有些社會企業型態則是由社會工作者所發動，自行設計新的服務模式，執行創新的社會融入策略，來克服公共服務的無力，以及解決新冒出來的社會需求。當然，慈善傳統也會影響商業與國際捐助，這對社會企業的發展相當有貢獻。

社會企業的地圖研究顯示，受到社區或社會工作者所鼓舞的社會企業，很普遍的發生在社會經濟、第三部門傳統盛行以及市民參與度很高的區域。相反的，在社會經濟、第三部門傳統不盛行以及市民參與度不高的地區，就得靠捐贈計畫來扮演支持社會企業發展的重要角色。

此外，公共資助方案也扮演著推波助瀾以及鞏固社會企業的角色。新的方案被設計成強化效率與創新，以便彌補公共福利供應之不足，以及滿足社會新需求。

有些國家如英國，則透過公共政策支持社會企業的方式來把福利服務私有化。有些社會福利較薄弱的國家則是透過政策支持社會企業的方式，試驗性的把社會服務正常化。

不管如何，市民的自我組織、積極的參與，是提升公共意識的基礎。歐盟執委會自 1990 年以來就很清楚的認為，具有高度公共意識的市民社會，對於福利服務的需求有正向的貢獻。為因應新的就業情勢，必須輔以創造新的組織型態，因此，第三部門與社會企業就成了歐盟執委會政策行動與財務資助的最重要對象。

EMES 觀點下的社會企業

在查閱有關歐盟的社會企業訊息時，都會看到以 EMES- European Research Network 名稱出版的許多研究報告。要了解歐洲的社會企業，無法繞過 EMES 經過實地研究所發展出來的 EMES 研究取向。

EMES 可以說是探問歐洲社會企業發展與實踐的重要先驅。

經過長期的理論與實際的田野研究，EMES 提出了 4 個經濟指標，5 個社會指標來觀察社會企業。為了方便比較，EMES 將 9 個指標分成三組，更能清楚的說明 EMES 形態的社會企業是甚麼。

一是經濟組的指標。反映社會企業的經濟與企業營運的面向：1. 進行連續的生產產品與販售服務的活動。2. 面臨相當的經濟風險。3. 提供最低基本的薪資。

社會企業不僅要實現社會公益的使命，更得擁有獲利的能力，否則，不是停在第三部門的範疇中，就得關店走人。

二是社會組的三個指標都指向社會公益而非私人利益至上：1. 清晰明白、有益於社區的目標。2. 由一群市民或是市民團體所倡議組成。3. 有限度的分配利潤。

三是參與式治理機制的指標：1. 高度的組織自主性。2. 決策權力並不是依據擁有資本產權的多寡來決定。3. 高度參與的特性，能讓受到組織活動影響的各方積極參與運作。

這三組共 9 個指標的條件組合，著眼於經濟、社會的效益與組織治理的特性。是一種觀察指標，並不是判定是不是社會企業的檢驗規範。

EMES 主張，經濟活動滿足社會價值的追求

在探問社會企業的要素時，往往都會被問到，社會與企業，哪一個重要？這看似是問題，其實不是。對社會企業而言，這是二而一，一而二，同時並重，沒有優先次序的問題。

因為，社會企業之所以冒出頭，即是在非營利與營利組織的分類之間，另闢蹊徑。社會企業若偏於社會公益，則與傳統的非營利組並無不同；若是偏向利益極大化行為，則又與營利組織何異。

EMES 主張，透過經濟活動所成就的並不是金錢利益，而是在滿足社區成員的集體需求與社會價值的追求。社會企業既不獨倚經濟利潤的支柱，也不只是倡議概念，同時也要依靠財務流動的再分配而存續。

在 EMES 的研究中，社會企業的業務也可能來自政府與私人組織的委託與補助，雖然對應的方式不同，但是，避免受業務控制而淪為補助依賴的想法不變。社會企業如何維持高度的組織自主性，顯然是 EMES 觀點下社會企業必有的特性。

能夠自主決定組織營運方向，發展出分潤公益與私利的事業體制，勾勒出社會企業的基本風貌，但是，必須還要將利害關係人的參與以及有限的利潤分配納入制度設計之中，讓社會企業能夠同時具有社會參與以及經濟自主的基礎。

這就是 EMES 對社會企業的觀察標準。

至於社會企業如何對應高風險的市場競爭？其實，社會企業所提供的優質產品與服務，就是最好的品牌、最好的口碑、最好的行銷。

研究歐洲社會企業的先鋒 EMES：International Research Network

在 1996 年的時候，EMES 還未定下這個名稱，當時是以 European Thematic Network（歐洲專題研究）為名，研究歐洲社會企業與第三部門的關係。這一群學者與研究者來自不同的國家，不同的大學，不同的學科訓練，卻同時接受歐盟執委會長期委託研究歐盟各區域的社會企業與第三部門。

隨著研究範圍的擴大與深入，EMES 點點滴滴聚積出來的跨學門研究觀點，讓 EMES 有了更堅固的政策說服基礎。而研究人員與學者之間所形成信任基礎，也鋪陳了 EMES 朝向組織化轉型的方向前進。

這時的 EMES 已經不僅僅是鬆散的研究夥伴關係，而是透過實地研究把歐洲許多學者與研究機構串連，形成相互支援的研究網絡。

EMES 確立了在歐洲社會企業理論與實踐研究上的發言權

對歐盟 15 個國家的社會企業發展狀況進行理論觀察與實地研究之後，在 2001 年，便將這個五年期（1996-2000）的研究計畫成果集結成書。由 Routledge 出版社以「歐洲社會企業的興起（The Emergence of Social Enterprises in Europe）」為書名出版。

同年，EMES 在義大利 Trento，University of Trento 舉辦了第一屆的國際研討會。主題是一社會企業：比較的觀點（The Social Enterprise： A comparative perspective）。一看主題就知道，這是一場帶有宣示意義的研討會，明確的把社會企業當成是研究主題來論述。

這可以說是 EMES 的豐收之年。研討會與社會企業專書相互輝映，把社會企業變成歐洲政學圈，風風火火的研究主題。原本只是屬於地方社區或局部區域內創新組織運作的現象，一舉升騰為影響歐洲社會發展的整體視野。

EMES 的研究能量不只確立 EMES 在歐洲社會企業理論與實踐研究上的發言權，也讓歐盟重視了新興的社會企業現象。

經過學界與第三部門彼此間，幾番對於社會企業概念與實作的辯證之後，愈發顯得社會企業有點星火燎原之勢。2002 年，就以當年接受歐盟委託研究跨國社會企業計畫（1996-2000）「the emergence of social enterprises in Europe」的法文名稱字首「EMergence des Enterprises Sociales en Europe」EMES 為名，在比利時登錄為協會形態的非營利組織。

EMES-European Research Network 登錄取得非營利組織的地位後，原本散布在歐洲各大學的學者與研究機構中的研究成員，形成了更有組織的網絡，來驅動社會企業知識的傳佈、流動與反饋，進而影響政策決定。

在 EMES 探討社會企業與第三部門現象的各種報告中，都可以看見融合著經濟學、社會學、政治學、管理學、歷史學、法學、人類學等跨學科研究取向的特色。

解決部分社會、環境與經濟問題

隨著愈多的跨國研究出爐，EMES 的跨學門科際整合的研究取向愈益明顯。EMES 也在方法論上，試圖建構一個抽象的，韋伯式的理想類型（Weberian Ideal Type），讓研究者可以像運用羅盤一樣，在浩瀚的社會企業星河下來定位、觀察、分類、對照、解釋不同地區的眾多社會企業，各種運作的現象。

EMES 認為，不同國家的政治、經濟、社會與文化傳統，影響了歐洲各國的社會企業之所以呈現不同的樣貌、體質、運作方式與發展路徑。社會企業多樣的類型、多元的發展，不僅各有思路，也各有千秋。既尊重彼此各組織差異，也達成了殊途同歸的社會效益。這恰好也呼應了歐盟「多元一體」（In varietate concordia）的治理原則。

雖然到了 2009 年，EMES 才舉辦了第 2 屆的國際研討會。但是，在這幾年間，社會企業儼然成為歐洲重要的研究主題，甚至也溢出歐盟的範圍，渲染著全球趨勢。EMES 持續發表了相當多的文件報告，來了解各地社會企業的概念生成、名詞辯證（尤其是社會企業 social enterprise、社會企業家 social entrepreneur、社會創業精神 social entrepreneurship 的差異）、法制結構、創新與創業精神、管理論題與治理模式等等。

如果國際研討會可以當成是反映研究趨勢與研究成果的指標，從第一屆看到明年（2017）要舉行的研討會主題，大概就可以猜想到第一屆到第二屆之間的歐洲社會企業場景，正是各地不同樣態的社會企業，百花齊放、遍地紮根的階段。

從 2001 年到 2009 年，這將近 8 年的時間，許多討論的能量也多置放在概念辨析、政策與法規的調適，以及社會企業的新組織形態與實作效益等等之上。這些論題，既確認社會企業現象所蘊含的經濟山水，可以解決部分社會、環境與經濟問題，也鼓勵各國發展出適合自身體質的社會企業政策與行動架構。

EMES 以跨學科的角度、有系統的累積經驗

第 2 屆的國際研討會同樣在義大利舉行。由 EMES 交給 Trento 大學與 EURICE（European Research Institute on Co-operative and Social Enterprises）聯合承辦。超過 36 國，150 名學者專家，站在前屆的基礎上，延伸論述各國政府的社會企業政策、制度框架的設計等論題。

第 2 屆以後的研討會都以 2 年為期，由 EMES 的機構會員來承辦。這不只意味著 EMES 在歐洲與全球地區推展社會企業的概念相當成功，各地都有大學與研究機構擔任論述與推動的樁腳，讓各角落的社會企業研究能夠獲得更充分的學術能量支持。

2011 年，在丹麥，由 Centre for Social Entrepreneurship 承辦第 3 屆國際

研討會。主題是：市民社會中社會創業精神創新社會（Social Innovation through Social Entrepreneurship in Civil Society）。

2013年，在比利時的列日（Liege）舉行第4屆國際研討會。由列日大學的Centre for Social Economy承辦。主題是：如果不是用來獲利，要做什麼用呢？那，要怎麼做呢？（If not for profit, for what ？ And how ？）

在2013年，EMES決定大步走出歐洲，邁向全球，因此，開始向各地的研究者或研究機構，徵求個人與機構會員。名稱由歐洲崖就網絡改為國際研究網絡（EMES-International Research Network）。

2015年，在芬蘭的赫爾辛基，由FinSERN（Finnish Social Enterprise Research Network）承辦第5屆國際研討會。主題是：建構科學場域來培育適合社會企業發展的生態環境（Building a scientific field to foster social enterprise eco-system）。

今年（2017）7月，將在比利時新魯汶（Louvain-la-Neuve），由法語天主教魯汶大學的The Interdisciplinary Research Centre on Work State and Society（Centre Interdisciplinaire de Recherche Travail, État et Société）承辦第6屆國際研討會。主題是：為社會永續發展的社會企業（Social enterprise for sustainable societies）。

看著EMES這20年的發展軌跡，以跨學科的角度、有系統的累積實地研究經驗，探查歐洲社會永續發展的問題，建立紮實的立論基礎。接著再透過發表系列相關的研究報告來勘定社會企業的各種實踐與理念，做為歐盟各成員國在政治、經濟、社會與文化的差異性中，推動發展社會企業的共同政策行動架構。

目前，EMES有12個機構會員，236名個人會員，以及8個研究夥伴網絡與姊妹組織。共出版了17本書，180篇會議論文，43篇論文初稿。此外，會員各自的出版品也高達171種之多。

羅馬不是一天造成，社會企業同樣也不是一天可以成就。EMES 可以說是理解歐洲社會企業，無法不攀爬的一座大山。

附錄：英國社會企業發展大事記

時間	事件
1998 年 4 月	英國第一個社會企業組織「倫敦社會企業（Social Enterprise London）」成立。
1999 年	財政部政策第三小組（Policy Team 3，PAT））發表《企業與社會排除(Enterprises and Social Exclusion）》報告。 這份報告強調，社會企業是參與經建計畫，建構人力與社會資本，強化社區連結，更新社區的方式之一，不僅值得支持，也須與其他產業一樣獲得同等的支持。更重要的是對於弱勢地區應給予商務與財務諮詢與支持。
2000 年	財政部的獨立專家小組「社區投資工作小組（Community Investment Task Force）」建議，對於投資於弱勢社區的企業給予投資抵免的優惠。
	內閣辦公室的「績效與創新小組（Performance and Innovation Unit）」提出將引入不以最大獲利為主旨的一種新的公司型態：「社區利益公司（Community Interest Company, CIC）」，並開始檢視自身部門的法制結構。
20001 年	英國內閣辦公室成立「社會企業小組 （Social Enterprise Unit） 」，執行跨部會行動綱領。
2002 年 8 月	英國政府發表三年期的行動策略「社會企業：邁向成功的策略（Social Enterprise: A Strategy for Success）」，於其中提出社會企業的政策定義：「社會企業主要是透過經營事業來達成社會公益目標，並將商業營運所獲得的利益，再投資於所欲達成的社會目標或是社區之中，而不是為企業股東與所有者的利益極大化而存在。」
2002 年 9 月	內閣辦公室策略小組發表「私人行動，公眾得利（Private Action，Public Benefit）」報告，指出社區利益公司將帶來大改變，尤其是有關財務、資產鎖定以及品牌塑造。
	由貿易與工業部（Department of Trades and Industry，DTI）準備修訂公司法，增列「社區利益公司」的公司型態。
	民間組織「社會企業聯合會（Social Enterprise Coalition）」成立。

時間	事件
2003 年 5 月	英格蘭銀行發表「社會企業的財務需求（The Finance Needs of Social Enterprise）」。
	健康部（Department of Health）成立社會企業小組，將社會企業納入「全國健康服務（National Health Service，NHS）」與社會照顧服務。
2004 年	修改公司法，設立新型態的社區利益公司（Community Interest Company）。
2004 年 9 月 蘇格蘭	蘇格蘭行政院發表支持社會經濟政策綱領：打造未來蘇格蘭：投資社會經濟 (Futurebuilders Scotland: Investing in the Social Economy)，確認第三部門在弱勢地區與弱勢族群一起處理貧窮問題，所產生的效益有助於蘇格蘭社會福祉，決定投入 1 千 8 百萬英鎊，其中 1 千 7 百萬英鎊直接投資支持第三部門組織，一百萬英鎊用於研究與倡議。
2005 年	新修公司法開始施行，成立社區利益公司管制官辦公室（The Office of the Regulator of Community Interest Companies）。
2005 年 蘇格蘭	5 月，蘇格蘭議會辯論社會經濟效益，行政部門決定發表蘇格蘭的社會企業執行計畫。 截至 2005 年為止，在蘇格蘭的 45000 家第三部門組織中，有 3000 家自認為社會企業，以提供產品販售與服務的商業模式進入社會經濟領域。
2006 年	成立「第三部門辦公室（Office of Third Sector）」。
2006 年 蘇格蘭	8 月發表蘇格蘭社會企業發展策略 (A Social Enterprise Strategy for Scotland)，協助社會企業以商業模式實現社會、環境與經濟的三重社會效益，創造經濟成長，執行更優質的公共服務、支持更完整與安全的社區以及擁有自信、民主的蘇格蘭。
2006 年 11 月	英國社會企業已達 55,000 家，貢獻 270 億英鎊產值。內閣辦公室發表「社會企業行動計畫：攀登新高峰（Social Enterprise Action Plan: Scaling New Heights）」，確認社會企業社會變遷的力量，政府的角色應培育社會企業文化，讓社會創業家更容易經營社會企業、接觸財務資金管道，以及與政府成為提供公共服務的夥伴，並發展衡量工具來確保社會企業的營運模式真正發揮社會效益。
2007 年	社會企業聯合會在第三部門辦公室的支持下，啟動社會企業大使計劃 (Social Enterprise Ambassadors programme)，最後有 33 位知名的社會創業家，如，John Bird, Tim Campbell and Penny Newman 等，巡迴英國各第三部門，以親身創業經歷，現身說法，提高民間對社會企業的感知度。社會企業大使計劃在 2010 年終止，總共花費 86 萬英鎊。

時間	事件
2007 年 蘇格蘭	3 月， 蘇格蘭行政院發表 : 更好的商業 - 蘇格蘭發展社會企業的策略與行動計畫 (Better Business – A strategy and action plan for social enterprise in Scotland)，確認社會企業的價值、開放市場給社會企業、提供財務資金管道來發展社會業，並提供商業諮詢、輔導來支持社會企業的營運能量。 5 月，蘇格蘭民族黨 (Scotland National Party) 取得執政權，發表政府經濟政策 (Government Economic Strategy)，確保蘇格蘭永續的經濟發展，擴大支持社會企業解決弱勢族群與弱勢地區就業與貧窮問題，凝聚社會團結的貢獻。
2008 年	通過「國家樂透法 (National Lottery Act)」成立大樂透基金 (the Big Lottery Fund)。
2008 年 蘇格蘭	8 月，蘇格蘭政府，發表第三部門企業化營運行動方案 (Enterprising Third Sector Action Plan 2008-2011)，投資 9 千 3 百萬英鎊，更有效率的投資與開放市場給企業化營運的第三部門、推廣社會創新創業精神、投資第三部門的人力訓練與領導職能、發展證據基礎的衡量方式來確認社會影響力。成立 3 千萬英鎊的蘇格蘭投資基金 (Scottish Investment Fund) 以及透過第三部門企業基金 (the Third Sector Enterprise Fund)，直接投資 1 千 2 百萬英鎊給企業化經營的第三部門組織。
2008 年 11 月	通過「銀行與互助組織靜止戶法案（The Dormant Bank and Building Society Accounts Act 2008）」。允許銀行與互助組織在不影響存戶權益的前提下，移轉超過 15 年未使用戶頭的靜止戶資金集中到回收基金裏，由「大樂透基金（the Big Lottery Fund）」為全國社區利益而分配使用資金。
2010 年	「第三部門辦公室（Office of Third Sector）」改名為「市民社會辦公室」（Office of Civil Society）」，改進行政效率。
2010 年 9 月	首度發行「社會效能債券（Social Impact Bonds）」。
2011 年	推動「向紅帶挑戰（Red Tape Challenge）」。
2011 年 8 月	社會企業聯盟改名為「英國社會企業（Social Enterprise UK，SEUK」。
2012 年 2 月	創立「公共服務法（The Public Services (Social Value) Act 2012）」。
2012 年 4 月	啟動世界第一個社會投資銀行「大社會基金銀行（Big Society Capital）」。
2012 年 10 月	修正「慈善法案」（Charities Act），賦予慈善團體得以申請慈善法人組織的資格（Charitable Incorporated Organisation，CIO）。

時間	事件
2013 年 1 月	通過「社會價值或稱公共服務法案」（Social Value Act/Public Service Act 請確認），公部門必須將供應商的社會效益納入採購考量。
2013 年	內閣辦公室成立「社會效能債券中心（The Centre for Social Impact Bonds，SIBs）」，制度性的推動社會效能債券計畫。
2013 年 6 月	倫敦證券交易所宣布啟動世界第一個社會證券交易中心（Social Stock Exchange）。 SEUK 啟動社會企業之地計劃。
2013 年 4 月	成立社會成果基金 (The Social Outcomes Fund)，以及社會育成基金 (Social Incubator Fund)。
	成立「社會行動中心（Centre for Social Action）」，鼓勵市民透過社會行動，創造正向社會影響力，支持安老、青年潛力、健康促進等三類計畫。這項方案由創新基金 (Innovation Fund) 、青年社會行動基金 (Youth Social Action Fund) 、重整社會行動基金 (Rehabilitation Social Action Fund) 等基金支持。
2014 年 6 月	－發展第一個「發展效益債券（Development Impact Bond）」，投入 150 萬英鎊進行研究並設計債券結構來解決烏干達人民長期受嗤嗤蠅叮咬所引發嗜睡病。 －引入社會投資抵免 (Social Investment Tax Relief，SITR) 規定，2014 年 6 月以後的社會投資，依據慈善組織與社會企業的活動、投資規模，可以扣抵高達 30% 的個人所得稅。
2014 年 9 月	9 月 13 日，是英國第一個社會星期六 (Social Saturday)，鼓勵民眾發揮買力，購買社會企業提供的產品與服務。
2014 年 10 月	英國國會被認證為 Buy Social 行銷活動的成員。
2016 年 4 月	內閣辦公室與 SEUK 合辦 Buy Social Corporate Challenge。鼓勵英國私人企業提高對社會企業的採購量。
2016 年 7 月	7 月 13 日原本由內閣辦公室市民社會辦公室管轄的社會企業業務轉讓給文化、媒體暨運動部。

增訂版作者序

社會企業正在改變這個世界

接到出版社通知說，第一版的英國社會企業之旅已無存書，我有點小意外，竟然可以賣完。與編輯們討論後，決定增補英國後續發展的部分，讓英國已經穩定發展的社會企業體系更形完整。然而，愈寫也就愈對台灣社會企業發展有點停滯的處境感到擔憂。英國乃至於歐盟、美國、加拿大、澳洲、美國、日本、新加坡，香港、韓國等等，都不斷的讓社會企業組織提出新創新方法來試著解決眾多的社會問題。甚至，也都發展出影響力投資（social impacts investment）的領域，來擴大社會企業所產生綜合效益。

而台灣的處境不只還未完全走出學院派與非營利組織陣營論爭社會企業的定義的階段，更遑論從政策到法制結構，乃至於形成社會投資市場，全面的發展出一套適合社會企業組織發展的生態系統。

我想起了一則磨磚作鏡的禪宗公案。

南嶽懷讓禪師看見道一禪師整天坐禪，問說：「大德坐禪圖什麼？」道一說：「圖作佛。」於是懷讓特地找一塊磚頭，故意在道一面前磨了起來。道一疑惑的問：「禪師何以磨磚？」懷讓說：「以磨作鏡」。道一說：「磚怎可能磨成鏡？」懷讓回答說：「磨磚不能成鏡，那，坐禪怎可能成佛呢？」

磨磚既不能成鏡，坐禪也不能成佛。只是陷於爬梳各種社會企業的理念與定義、分別事物之異同的洞穴裏，自然也無法在實踐上成就社會企業，逐步發展出解決社會問題的創新作法。

雖然各種媒體報導了相當多從事公益商機的案例，但是，對於是否達成社會效益評估的問題，仍未有直接的談論。如果，社會企業被視為是解決社會問題的

解方之一，欠缺社會效益的評估又如何能讓各種利害關係人，明白社會企業組織所提出的解決問題方案，真正具有明確且具體的效果？面對無法衡量的事物，就無法進行有效管理，又怎能進化到社會影響力投資的境界呢？

馬克思論費爾巴哈提綱（Theses on Feurerbach）的第 11 條中寫道：哲學家們只是用不同的方式解釋世界，而問題在於改變世界。（The philosophers have only interpreted the world, in various ways; the point is to change it.）

而社會企業也是一樣，嘗試著改變社會，而不是止於描述、解釋而已。

在國外發展社會企業的經驗上，已經逐步證明社會企業所產生的三重社會效益具有補救市場經濟環繞私利運作的功用。各國的歷史與制度條件不同，發展出來的社會企業風格也各有千秋。英國的社會企業普遍具有強烈的進入市場競爭的性格。歐盟的社會企業強調互助合作的特性，合作社的風格濃郁。美國的社會企業組織則是平原跑馬，各自衝刺。然而，不管是怎樣的風格，都可以看到社會企業發展迄今的四項共通支柱：中心使命（mission-centered）、解方取向（solution-oriented）、 市場驅動（market-drived）以及衡量效益（impacts-measured），撐起改變社會的體系。

在各國所呈現的社會企業風景中，往往令人驚喜於如雨後春筍般的眾多社會創業家所精心設計出來的運作模式。這些案例不以立大功為懸念，而是專注解決實際問題，使命如一，未見飄移，逐步將善的涓滴效應（trickle down effect）推波助瀾，成為社會改革的浪潮。

好的點子配上對的人才，才能解決問題，改變世界。否則只是空想。Ashoka 基金會的創辦人 Bill Drayton 說到：

社會創業家不只滿足於贈與一條魚，或是教授如何釣魚捕魚，而是非到改變整個捕漁產業絕不鬆手罷休。（Social entrepreneurs are not content just to give a fish or teach how to fish. They will not rest until they have revolutionized the fishing industry.）

社會創業家正是實現創新概念的能動之人，能夠展現最強的行善力量，專注於行動來拆解目前社會所面臨的問題。

因此，在增訂本的新章節中，除了保留原有的書寫方式，增添了 2014 年以後英國社會企業政策的幾項後續發展，並簡略述及歐盟的社會企業政策，以便相互印證兩條不同發展的路徑。此外，為了呼應台灣騎自行車的風潮，我也增寫了英國另一個以自行車為對象的社會企業案例 Bikeworks，以及日本德島彩（irodori）株式會社的花葉經濟，來說明一兩個社會創業家的能量，就可以撐起地方經濟的半邊天。

我非學貫中西，亦不可完全無漏、維妙維肖的說完英國社會企業的模樣。在書寫增訂章節的部分時，我剛離開行政院院長室的工作歸建回學校教書，在繁忙的教學與學生事務的空隙間，竟然完成了大部份的書寫。這得要非常感謝茹鈺，沒有她的督促陪伴，我大概無法立即完成增補篇章的寫作計畫。

劉子琦

英國社會企業之旅【增訂版】

以公民參與實現社會得利的經濟行動

加入新自然主義
書友俱樂部

作　　者：劉子琦
美術設計：陳瑀聲
圖文整合：洪祥閔
照片提供：陳怡雯・黃佳琦・邱榮漢・何培鈞・陳忠盛・王順瑜・曾茹鈺

總 編 輯：蔡幼華
責任編輯：莊佩璇
編 輯 部：何喬、王桂淳
特約編輯：陳昕儀
編輯顧問：洪美華
行　　銷：黃麗珍
讀者服務：洪美月、巫毓麗

出　　版：新自然主義
　　　　　幸福綠光股份有限公司
地　　址：台北市杭州南路一段63號9樓
電　　話：(02)2392-5338
傳　　真：(02)2392-5380
網　　址：www.thirdnature.com.tw
E-mail：reader@thirdnature.com.tw

印　　製：中原造像股份有限公司
初　　版：2015年8月
二版一刷：2017年8月

郵撥帳號：50130123 幸福綠光股份有限公司
定　　價：新台幣390元（平裝）

本書如有缺頁、破損、倒裝，請寄回更換。
ISBN 978-986-95019-4-1

總 經 銷：聯合發行股份有限公司
　　　　　新北市新店區寶橋路235巷6弄6號2樓
電　　話：(02)29178022
傳　　真：(02)29156275

國家圖書館出版品預行編目資料

英國社會企業之旅【增訂版】：以公民參與實現社會得利的經濟行動 / 劉子琦 著. -- 二版. -- 臺北市：新自然主義，幸福綠光，2017.08
　面；　公分
ISBN 978-986-95019-4-1(平裝)
1. 社會企業 2. 英國

547.941　　　106011904

BOOK

新自然主義